Pauline Dohmen

NEW JERSEY

Nähen mit Jersey für KIDS

Liebe Leserin, lieber Leser,

ich freue mich sehr, dass du mein neues Buch in den Händen hältst. „New Jersey“ steht ganz und gar im Zeichen der Kreativität. Was ich am Nähen so liebe, das sind vor allem die unendlichen Möglichkeiten, immer wieder neue Unikate zu zaubern. Vielleicht dachtest du bislang, dazu wären teure Maschinen oder ausgefallenes Equipment notwendig. Aber weit gefehlt: Mit den einfachsten Materialien lassen sich tolle Ergebnisse erzielen.

Die Modelle im Buch sind modisch, praktisch und bequem zugleich und speziell für Kids und Teens ausgelegt. Ausführliche Schritt-für-Schritt-Fotoanleitungen machen das Nähen zum Kinderspiel, sodass deiner Kreativität nichts im Wege steht.

Neben einem frischen Satz an wandelbaren und angesagten Basic-Schnitten enthält dieses Buch nämlich auch viele Ideen, wie du aus den genähten Stücken echte Designerteile machen kannst. Dazu braucht es keine Maschinen und wenig mehr, als du ohnehin zu Hause hast.

Ich bin sicher, mit meinen Anregungen fallen dir unzählige eigene Kreationen ein, auf die ich schon gespannt bin. Tagge sie doch mit dem Hashtag #newjerseynähen in den sozialen Medien, damit ich sie finden und bewundern kann!

Liebste Grüße

deine

Pauline

MODELLE

10 T-SHIRT MIT KURZEM ARM

13 KREATIV-IDEE: KONFETTI-SHIRT

14 SCHMALE LEGGINGS

18 PLÜSCHJACKE

24 KLEID MIT SCHMALEM ROCK

28 KREATIV-IDEE: LEOPARDEN-PRINT

30 RACERBACK-TOP

34 KREATIV-IDEE: BÜGELBILDER
KREATIV-IDEE: SPRENKEL-STREIFEN

36 SHORTS

41 KREATIV-IDEE: KANTEN EINFASSEN

42 SWEATER

45 KREATIV-IDEE: UPCYCLING

46 JOGGINGHOSE

51 KREATIV-IDEE: SEITENSTREIFEN

52 WEITER ROCK

56 RAGLANTRIKOT

60 KREATIV-IDEE: PUNKTE STEMPELN
KREATIV-IDEE: COLOR BLOCKING

62 HOODIE

66 FLARE LEGGINGS

70 FUNKTIONSJACKE

76 KLEID MIT WEITEM ROCK

80 KREATIV-IDEE: APPLIKATION AUS BÜGELFOLIE
KREATIV-IDEE: KORDELN SELBST MACHEN

82 BUSTIER

86 SCHMALER ROCK

90 TROYER

94 KREATIV-IDEE: GESTICKTE KNOPFBLUMEN

GRUNDLAGEN

96 JERSEY – WAS IST DAS?

97 JERSEY NÄHEN MIT DER NORMALEN NÄHMASCHINE

100 OVERLOCK & CO. – SPEZIELLE NÄHMASCHINEN

102 KLEIDUNG NÄHEN – TECHNIKEN

118 PASSFORM UND GRÖSSENWAHL

120 LEXIKON

122 BUCHWERBUNG

124 AUTORIN

124 IMPRESSUM

Grösse 122–164 | Schwierigkeitsgrad | Schnittmusterbogen 1B

T-Shirt mit kurzem Arm

Material

- Jersey in Mint meliert, 140 cm breit, 1 m (Gr. 122-140)/ 1,50 m (Gr. 146-164)
- Bündchenstoff in Mint meliert, 66 cm breit, 10 cm
- farblich passendes Nähgarn

Nahtzugaben

Mit 1 cm Nahtzugabe zuschneiden. Vorder- und Rückenteil am Halsausschnitt ohne Nahtzugabe, die Säume an Ärmeln und Unterkante mit 3 cm Saumzugabe zuschneiden.

Zuschnitt

Jersey

1x Rückenteil im Stoffbruch
1x Vorderteil im Stoffbruch
2x Ärmel gegengleich (Linie „Kurzarm“)

Bündchenstoff

1x Halsbündchen, 4 cm breit, Länge: Halsausschnittweite x 0,8 plus 2 cm Nahtzugabe

1 Vorder- und Rückenteil rechts auf rechts an den Schulterkanten bündig aufeinanderlegen und die Schulternähte schließen.

2 Das Halsbündchen einnähen (siehe S. 106 und 111). Dafür das Bündchen rechts auf rechts zum Ring zusammennähen, der Länge nach links auf links auf halbe Höhe (2 cm) falten, in den Ausschnitt stecken und gleichmäßig gedehnt einnähen. Nach Wunsch die Nahtzugabe in das Shirt legen und von rechts mit einem sehr dehnbaren Stich absteppen.

3 Die Ärmel rechts auf rechts mit der Armkugel in die Armausschnitte einpassen, feststecken und einnähen.

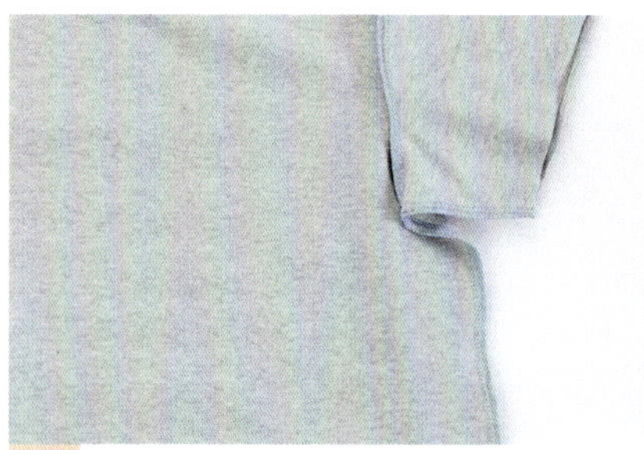

4 Die Ärmel der Länge nach rechts auf rechts legen und feststecken. Vorder- und Rückenteil an den Seitenkanten bündig rechts auf rechts legen, feststecken und die Seitennähte in einem Arbeitsgang vom Ärmelsaum bis zur Unterkante des Shirts schließen.

5 Die Säume an Ärmeln und Unterkante des Shirts 3 cm nach innen einschlagen, bügeln und von rechts mit einem dehnbaren Stich absteppen (siehe S. 107).

KREATiV-iDEE

KONFETTi-SHiRT

Aus Resten von Flexfolie zum Aufbügeln kannst du Shirts mit lustigem Konfetti-Regen verzieren.

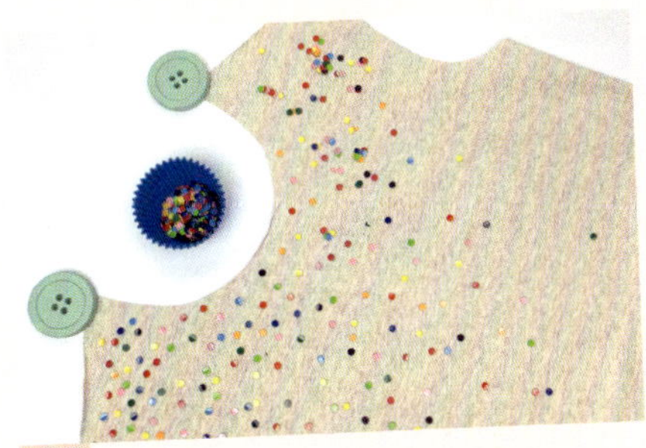

1 Stanze mit einem Locher Konfetti aus der Flexfolie. Verteile die bunten Punkte nach Wunsch auf dem Kleidungsstück. Achte dabei darauf, dass die aufzubügelnde Folienseite Richtung Stoff weist.

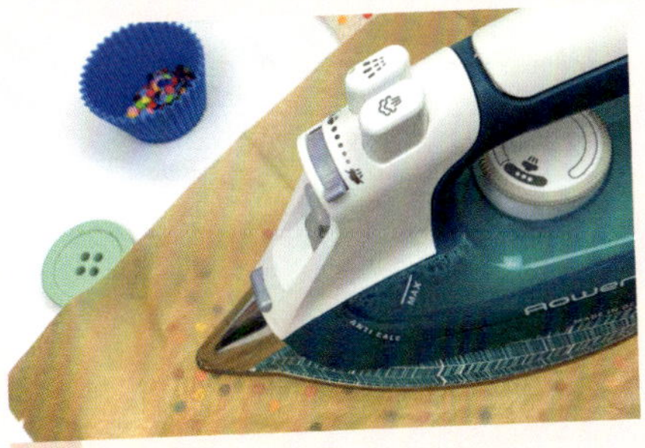

2 Decke den Bereich mit den Punkten mit Backpapier ab und bügle die Punkte nach Herstellerangaben auf den Stoff.

3 Fertig ist dein Konfetti-Unikat.

TiPP

Um die Bügelseite besser zu erkennen, kannst du mit einem wasserfesten Folienstift Linien auf die Schutzfolie der Flexfolie kritzeln, bevor du die Konfetti ausstanzt. So kannst du die Seiten leichter auseinanderhalten.

Grösse 122–164 | Schwierigkeitsgrad 1 | Schnittmusterbogen 1A

Schmale Leggings

Material

- Baumwolljersey in Blau-Türkis geringelt, 140 cm breit, 1 m (Gr. 122-140)/ 1,10 m (Gr. 146-164)
- Gummiband, 3 cm breit, 75 cm
- farblich passendes Nähgarn

Nahtzugaben

Mit 1 cm Nahtzugabe zuschneiden. An den Säumen mit 2 cm Saumzugabe zuschneiden.

Zuschnitt

2x Hose gegengleich
4x Bund, je 2x gegengleich

ANLEITUNG

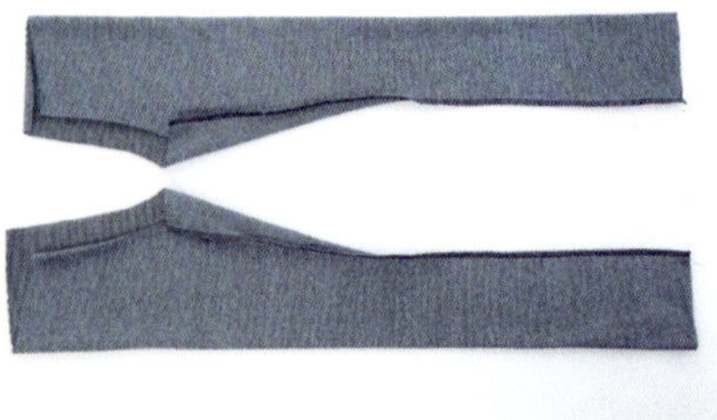

1 Die beiden Hosenteile jeweils rechts auf rechts legen und die innere Beinnaht schließen.

2 Ein Hosenteil auf rechts wenden und rechts auf rechts in das zweite Hosenbein stecken. Die Schrittnaht schließen.

3 Jeweils zwei Bundteile rechts auf rechts zum Ring zusammennähen. Die Ringe rechts auf rechts ineinanderlegen, feststecken und die obere Naht schließen. Das Bündchen wenden und links auf links falten.

4 Das Gummiband mit einer Länge von 80 % des Bauchumfangs plus 2 cm Nahtzugabe zuschneiden und zum Ring zusammennähen. Den Gummiring in den gefalteten Bund zwischen die Stofflagen legen.

5 Gummi- und Hosenbund mit Stecknadeln in vier gleich große Abschnitte teilen, feststecken, dabei treffen die Stecknadelmarkierungen aufeinander, und den Bund gleichmäßig gedehnt annähen (siehe S. 108).

TiPP

Den Bund nach Wunsch im gedehnten Zustand noch ein- oder zweimal ringsherum mit Geradstich steppen, damit sich der Gummi im Stofftunnel nicht verdreht. Nach Wunsch die Nahtzugabe in die Hose legen und von rechts absteppen.

6 Die Hosensäume 2 cm nach innen einschlagen, bügeln und von rechts mit einem dehnbaren Stich absteppen (siehe S. 107).

Grösse 122–164 | Schwierigkeitsgrad 3 | Schnittmusterbogen 2A

PLÜSCHJACKE

Material

- Teddyfleece in Creme, 140 cm breit, 1 m (Gr. 122-140)/ 1,40 m (Gr. 146-164)
- Jersey in Creme meliert, 140 cm breit, 30 cm
- Outdoorstoff in Kornblumenblau, 140 cm breit, 20 cm
- Bündchenstoff in Creme, 66 cm breit, 20 cm
- Reißverschluss, 10 cm lang
- teilbarer Reißverschluss, 50 cm lang
- Kordel oder Schrägband, 10 cm
- farblich passendes Nähgarn
- Bügelvlies (z. B. Vlieseline), Rest (optional)
- Stylefix

Hinweise: Der Verbrauch für den Outdoorstoff ist für den Zuschnitt des Kinnschutzes quer zum Fadenlauf berechnet. Schneidest du den Kinnschutz im Fadenlauf zu, benötigst du 60 cm (Gr. 122-140)/70 cm (Gr. 146-164) Stoff.
Wenn du die Jacke statt aus Teddyfleece aus Sweat nähen möchtest, solltest du die vorderen Kanten mit Bügelvlies verstärken, damit sie sich beim Einnähen des Reißverschlusses nicht wellen.

Nahtzugaben

Mit 1 cm Nahtzugabe zuschneiden. Vorderteile und Rückenteil am Saum mit 3 cm Saumzugabe zuschneiden.

Zuschnitt

Teddyfleece

2x Vorderteil gegengleich
1x Rückenteil im Stoffbruch
2x Ärmel gegengleich
1x Kragen im Stoffbruch

Jersey

4x Taschenbeutel, je 2x gegengleich

Outdoorstoff

1x Fronttasche
1x Untertritt und Kinnschutz (quer zum Fadenlauf zuschneiden)
1x Beleg Fronttasche

Bündchenstoff

2x Ärmelbündchen

1 Den Beleg für die Fronttasche markierungsgemäß rechts auf rechts auf das Schnittteil der Fronttasche stecken. Den Ausschnitt mit Schneiderkreide anzeichnen. Den Beleg rund um den Ausschnitt für den Reißverschluss annähen.

2 Den Ausschnitt mittig aufschneiden, an beiden Enden schräg zu den Ecken hin einschneiden. Den Beleg auf die linke Stoffseite ziehen und die Naht bügeln.

3 Den kurzen Reißverschluss von hinten in den Ausschnitt stecken und rundherum einnähen. Achte darauf, dass sich der Zipper bei geschlossenem Reißverschluss an der Oberkante der Tasche befindet.

4 Die Fronttasche markierungsgemäß links auf rechts auf das Vorderteil stecken und annähen.

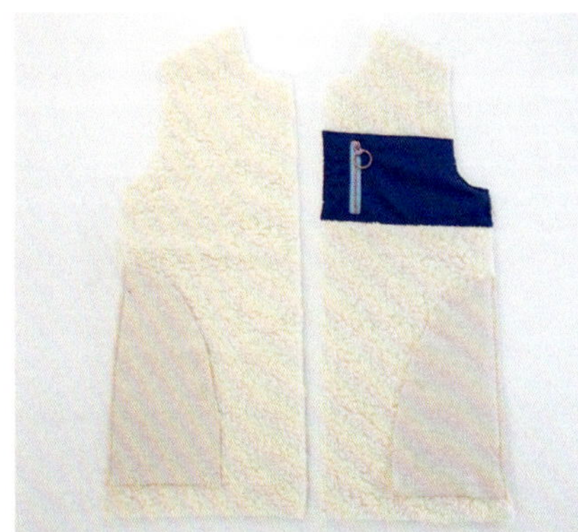

5 Je einen Taschenbeutel markierungsgemäß bündig rechts auf rechts auf die Seitenkante der Vorderteile stecken und annähen. Die Nähte bügeln.

6 Je einen Taschenbeutel markierungsgemäß bündig rechts auf rechts auf die Seitenkanten des Rückenteils stecken und annähen. Die Nähte bügeln.

7 Vorderteile und Rückenteil bündig rechts auf rechts legen und die Schulternähte schließen.

8 Die Ärmel rechts auf rechts mit der Armkugel in die Armausschnitte einpassen, feststecken und einnähen.

9 Die Ärmel der Länge nach rechts auf rechts zusammenlegen, Vorderteile und Rückenteil an den Seitenkanten bündig aufeinanderlegen und feststecken, die Taschenbeutel bündig aufeinanderlegen und feststecken. Die Seitennähte vom Ärmelsaum über die Taschenbeutel bis zur Jackenunterkante schließen.

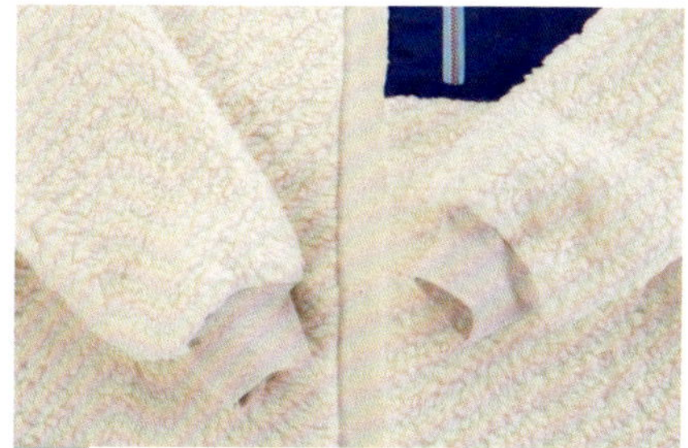

10 Die Ärmelbündchen jeweils rechts auf rechts zum Ring zusammennähen, der Länge nach links auf links auf halbe Höhe falten, rechts auf rechts in die Ärmelsäume stecken und annähen (siehe S. 106).

11 Die Oberkante des Kragens versäubern. Den Kragen mit der unversäuberten Kante rechts auf rechts an den Halsausschnitt stecken. Das Stück Kordel oder Schrägband für den Aufhänger zur Schlaufe legen, zwischen Kragen und Halsausschnitt schieben und feststecken. Den Kragen annähen, dabei den Aufhänger mitfassen.

12 Den Untertritt rechts auf rechts falten, an der gebogenen Kante absteppen, wenden und bügeln. Den Reißverschluss nun so auf die rechte Stoffseite des Untertritts legen, dass die Zähnchen oben an der Knipsmarkierung enden und die kurze Seite des Untertritts über den Reißverschluss nach unten geklappt wird. Das Gefaltete mit einigen Nähmaschinenstichen heften.

13 Den Reißverschluss mit Stylefix rechts auf rechts an die vorderen Kanten des Vorderteils kleben und feststecken, sodass er sich nach unten öffnen lässt. Der Reißverschluss beginnt unten an der Saumkante (3 cm von der Unterkante entfernt) und reicht bis in die Mitte des Kragens. Den Reißverschluss von Hand heften. Die obere Hälfte des Kragens und an der Unterkante den Saum jeweils rechts auf rechts über die Reißverschlussenden falten und feststecken.

14 Den Reißverschluss mit Geradstich einnähen. Anfang und Ende der Naht mit Rückstichen sichern. Saum und Kragen auf rechts wenden. Die Unterkante des Kragens von außen im Nahtschatten an den Halsausschnitt nähen.

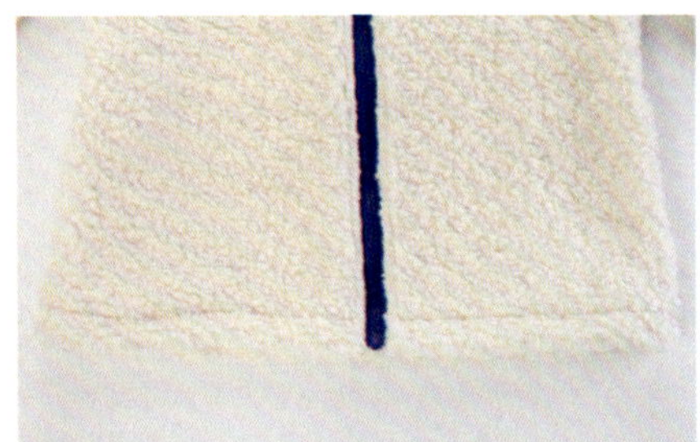

15 Den Saum 3 cm auf links umbügeln und annähen (siehe S. 107).

GRÖSSE 122–164 | SCHWIERIGKEITSGRAD 2 | SCHNITTMUSTERBOGEN 2B

KLEID MIT SCHMALEM ROCK

MATERIAL

- Baumwolljersey in Rot-Weiß geringelt, 140 cm breit, 1 m (Gr. 122-140)/ 1,10 m (Gr. 146-164)
- Bündchenstoff in Rot, 66 cm breit, 20 cm (Gr. 122-140)/ 100 cm breit, 20 cm (Gr. 146-164)
- farblich passendes Nähgarn

NAHTZUGABEN

Mit 1 cm Nahtzugabe zuschneiden. Am Rocksaum mit 3 cm sowie an den Ärmelsäumen mit 2 cm Saumzugabe zuschneiden.

ZUSCHNITT

Jersey

1x Vorderteil im Stoffbruch
1x Rückenteil im Stoffbruch
2x Rockteil im Stoffbruch (Linie „Rockteil schmal")
4x Taschenbeutel, je 2x gegengleich

Bündchenstoff

2x Taillenbündchen im Stoffbruch
1x Halsbündchen, 4 cm breit, Länge: Halsausschnittweite x 0,8 plus 2 cm Nahtzugabe

1 Die geraden Seitenkanten sowie die Ärmelkanten an Vorder- und Rückenteil mit einem Zickzackstich oder einer Overlocknaht versäubern. Vorder- und Rückenteil rechts auf rechts an den Schulterkanten bündig aufeinanderlegen und die Schulternähte schließen.

2 Vorder- und Rückenteil rechts auf rechts an den Seitenkanten bündig aufeinanderlegen und die Seitennähte von unten bis zur Markierung schließen. Die Ärmelsäume 2 cm nach innen einschlagen, bügeln und von rechts mit einem dehnbaren Stich absteppen (siehe S. 107). Nach Wunsch das Ende der Seitennähte jeweils mit einem kleinen Riegel sichern, damit nichts ausreißt.

3 Das Halsbündchen einnähen (siehe S. 106 und 111). Dafür das Bündchen rechts auf rechts zum Ring zusammennähen, der Länge nach links auf links auf halbe Höhe (2 cm) falten, in den Ausschnitt stecken und gleichmäßig gedehnt einnähen. Nach Wunsch die Nahtzugabe in das Shirt legen und von rechts mit einem sehr dehnbaren Stich absteppen.

4 Die geraden Kanten der Taschenbeutel versäubern. Die Taschenbeutel markierungsgemäß jeweils bündig rechts auf rechts auf die Seitenkanten der Rockteile stecken und annähen. Die Nähte bügeln.

5 Die Rockteile an den Seitenkanten rechts auf rechts bündig legen, dabei auch die ausgeklappten Taschenbeutel bündig aufeinanderlegen. Die Seitennähte von der Rockoberkante über die Taschenbeutelkanten bis zum Saum schließen.

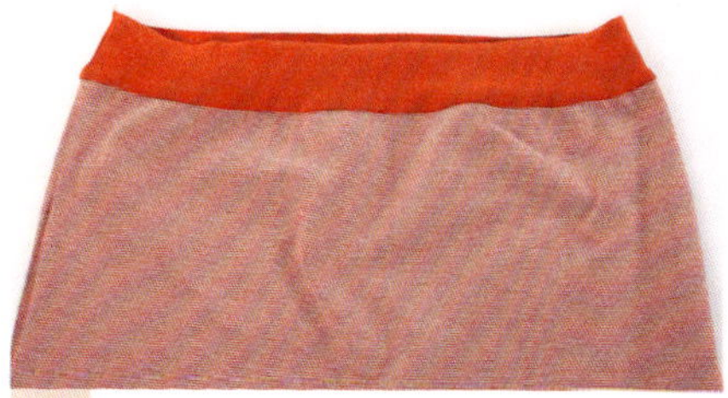

6 Die Teile für das Taillenbündchen jeweils rechts auf rechts legen und zum Ring zusammennähen. Taillenbündchen und Rockoberkante mit Stecknadeln in vier gleich große Abschnitte einteilen (siehe S. 108). Ein Bündchen rechts auf rechts an die Rockoberkante stecken, das andere rechts auf links, dabei treffen die Stecknadelmarkierungen aufeinander, und leicht gedehnt annähen.

7 Den Rocksaum 3 cm nach innen einschlagen, bügeln und von rechts mit einem dehnbaren Stich absteppen (siehe S. 107).

8 Die Unterkante des Oberteils sowie die Oberkanten des Taillenbündchens mit Stecknadeln in vier gleich große Teile einteilen. Das Bündchen rechts auf rechts an die Oberteilunterkante stecken, dabei treffen die Stecknadelmarkierungen aufeinander, und leicht gedehnt annähen.

KREATiV-iDEE

LEOPARDEN-PRiNT

Aus Kartoffeln lassen sich gut Stempel herstellen, mit denen du Kleider, Röcke oder Shirts bedrucken kannst. Wie wäre es mit einem coolen Leopardenmuster?

1 Halbiere eine große Kartoffel. Drücke einen runden Plätzchenausstecher mit der scharfen Seite in die Schnittfläche.

2 Schneide die Kartoffel mit einem scharfen Messer 1–1,5 cm hoch bis an den Ausstecher ein.

3 Entferne den Überstand und den Ausstecher. Schon ist dein Stempel einsatzbereit.

4 Für das Leopardenmuster schneidest du zwei weitere Stempel in der abgebildeten Form zu.

5 Drucke zunächst Punkte mit Stofffarbe in Gold auf den Stoff. Lass die Farbe gut trocknen.

6 Anschließend druckst du die Leopardenflecken mit den beiden anderen Stempeln mit Stofffarbe in Schwarz auf.

Grösse 122–164 | Schwierigkeitsgrad 2 | Schnittmusterbogen 1A

RACERBACK-TOP

Material

- Funktionsjersey in Grün, 140 cm breit, 70 cm (Gr. 122-140)/ 1 m (Gr. 146-164)
- farblich passendes Nähgarn

Nahtzugaben

Mit 1 cm Nahtzugabe zuschneiden. Am Halsausschnitt sowie an den Armausschnitten ohne Nahtzugabe und an den Unterkanten mit 3 cm Saumzugabe zuschneiden.

Zuschnitt

1x Vorderteil im Stoffbruch
1x Rückenteil im Stoffbruch
1x Einfassstreifen für den Halsausschnitt, 4 cm breit, Länge: Halsausschnittweite x 0,8 plus 2 cm Nahtzugabe
2x Einfassstreifen für den Armausschnitt, 4 cm breit, Länge: Armausschnittweite plus 2 cm Nahtzugabe

ANLEITUNG

1 Vorder- und Rückenteil an den Schulterkanten bündig rechts auf rechts aufeinanderlegen, feststecken und eine Schulternaht schließen.

2 Den Halsausschnitt einfassen (siehe S. 109).

3 Vorder- und Rückenteil an den Schulterkanten bündig rechts auf rechts aufeinanderlegen und die zweite Schulternaht schließen. Die Armausschnitte einfassen (siehe S. 109).

4 Vorder- und Rückenteil an den Seitenkanten bündig rechts auf rechts legen und feststecken. Die Seitennähte in einem Arbeitsgang bis zur Unterkante schließen.

5 Den Saum 3 cm nach innen einschlagen, bügeln und von rechts mit einem dehnbaren Stich absteppen (siehe S. 107).

KREATIV-IDEE

BÜGELBILDER

Schlichte Modelle lassen sich schnell, einfach und preiswert mit bunten Bügelbildern veredeln, die nach Herstellerangabe aufgebügelt werden.

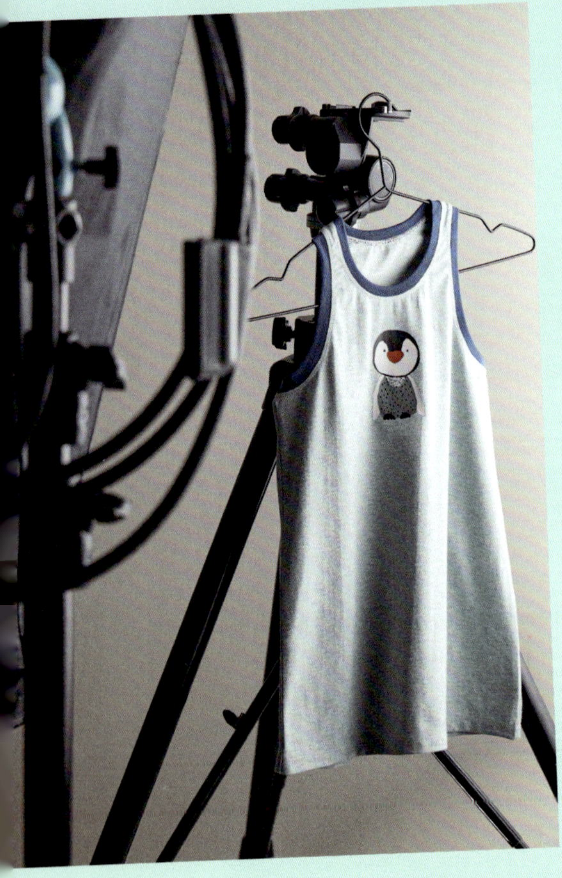

SPRENKEL-STREIFEN

Cool und simpel sind Spritzmuster aus Stoffmalfarbe. Wenn du den Stoff vor dem Besprenkeln abklebst, bilden die abgeklebten Bereiche am fertigen Stück einen tollen Kontrast.

1 Lege die Arbeitsfläche mit Folie oder einer anderen wasserfesten Unterlage aus. Lege das Kleidungsstück flach hin und klebe mit Malerkrepp Streifen oder andere Motive ab.

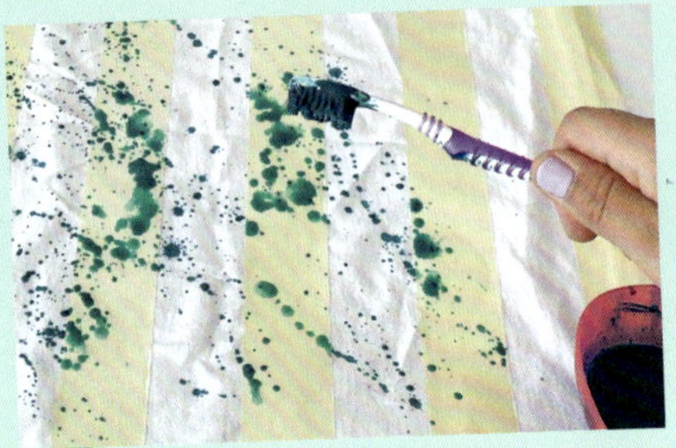

2 Die Stoffmalfarbe sollte eine eher flüssige Konsistenz haben, mische gegebenenfalls etwas Wasser dazu. Verwendest du zu viel (wie ich), bekommt das Ganze einen leichten Batik-Look. Tauche eine Zahnbürste oder einen Borstenpinsel in die Farbe und spritze sie anschließend auf den Stoff. Du kannst die Sprenkel gleichmäßig verteilen oder an einigen Stellen mehr Farbe auftragen und an anderen weniger. Auch mehrere Farben sehen toll aus! Lass die Farbe gut trocknen.

3 Entferne behutsam das Klebeband. Bügle anschließend den Stoff, um die Farbe zu fixieren.

Grösse 122–164 | Schwierigkeitsgrad 3 | Schnittmusterbogen 1A

SHORTS

Material

- Funktionsjersey in Blau, 140 cm breit, 60 cm
- Gummiband, 3 cm breit, 75 cm
- Hoodieband, 10 mm breit, 1 m
- 2 Ösen, ø 8 mm
- 2 Wonder Dots
- farblich passendes Nähgarn

Nahtzugaben

Mit 1 cm Nahtzugabe zuschneiden. An den Beinsäumen mit 2 cm Saumzugabe zuschneiden.

Zuschnitt

2x Vorderhose gegengleich
2x Hinterhose gegengleich
1x Bauchbündchen im Stoffbruch
4x Taschenbeutel, je 2x gegengleich

ANLEITUNG

1 Die Seitenkanten von Vorder- und Hinterhose einzeln versäubern, dabei in der Rundung mithilfe der Overlock etwas raffen; alternativ nach dem Versäubern mithilfe eines Heftfadens raffen (siehe S. 114). Die geraden Kanten der Taschenbeutel versäubern. Die Taschenbeutel markierungsgemäß jeweils bündig rechts auf rechts auf die Vorder- und Hinterhosenteile stecken und annähen. Die Nähte bügeln.

2 Die Vorderhosenteile rechts auf rechts legen und die Schrittnaht schließen. Die Hinterhosenteile rechts auf rechts legen und die Schrittnaht schließen. Die Nähte bügeln, die Nahtzugaben von Vorder- und Hinterhose jeweils in die entgegengesetzte Richtung legen.

3 Vorder- und Hinterhose rechts auf rechts an den Innenbeinkanten bündig so aufeinanderlegen und feststecken, dass die Schrittnähte exakt aufeinanderliegen. Die Nahtkreuzung mit einigen Geradstichen sichern und die Innenbeinnaht in einem Zug schließen. Bei Bedarf absteppen.

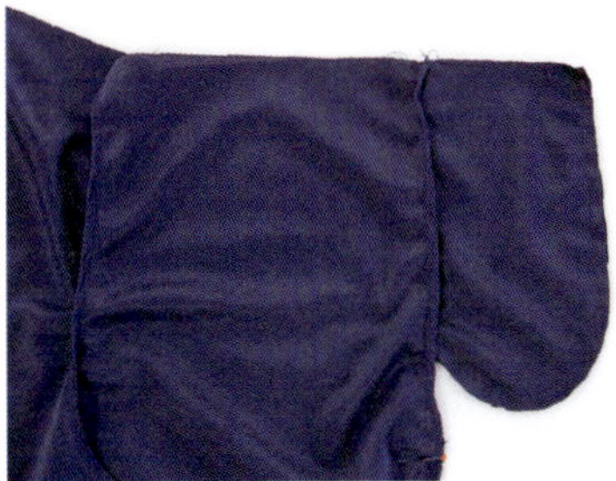

4 Vorder- und Hinterhose rechts auf rechts an den Seitenkanten bündig aufeinanderlegen, dabei auch die ausgeklappten Taschenbeutel bündig aufeinanderlegen. Die Seitennähte vom Bund über die Taschenbeutelkanten bis zur Markierung vor dem Saum schließen.

5 Das Gummi (je nach Elastizität) auf ca. 80 % der Bundweite plus 2 cm Nahtzugabe zuschneiden. Das Gummi 2 cm überlappend zu einem Ring zusammennähen.

6 Die Wonder Dots als Verstärkung für die Ösen in der vorderen Mitte des Bauchbündchens markierungsgemäß auf die linke Stoffseite bügeln. Die Ösen nach Herstellerangaben anbringen.

7 Das Bauchbündchen rechts auf rechts an den kurzen Seiten zum Ring zusammennähen. Anschließend der Länge nach links auf links falten und bügeln. Den Gummiring in den Bund hineinlegen und den Bund mit Stecknadeln in Viertel einteilen. Den Hosenbund analog dazu ebenfalls vierteln. Den Bund rechts auf rechts in den Hosenbund stecken, dabei treffen die Stecknadelmarkierungen aufeinander, und einnähen (siehe S. 108). Die Nahtzugaben in die Hose legen und von rechts absteppen.

8 Am Hoodieband die Enden je 2 cm umklappen, mehrfach mit Geradstich festnähen und die Überstände zurückschneiden. Das Band durch die Ösen ziehen und mittig mit Geradstich fixieren.

9 Die Beinsäume 2 cm nach innen einschlagen, bügeln und von rechts zweimal mit dreifachem Geradstich oder mit einem elastischen Stich feststeppen (siehe S. 107). Die Seitennähte kurz über der Rundung nach Wunsch mit einem Riegel sichern.

KREATIV-IDEE

KANTEN EINFASSEN

Die Shorts sehen auch mit eingefassten Kanten toll aus. Schneide dazu die Hosenteile am unteren Saum und an den Tascheneingriffen ohne Nahtzugabe zu, die Seitennaht wird mit Nahtzugabe zugeschnitten.

1 Schließe zunächst die Innenbeinnähte und die Schrittnaht und hefte die Taschenbeutel knappkantig an die Hose. Fasse nun die Tascheneingriffe und anschließend die Hosenbeine mit Jerseystreifen ein (siehe S. 111). Beginne bei den Hosenbeinen an der vorderen oberen Bundkante, führe den Streifen über Seitenkante und Saum zur hinteren Seitenkante und ende an der hinteren Bundkante.

2 Lege die Einfassungen der Seitennähte bündig links auf rechts aufeinander und steppe sie in der Breite der Einfassung vom Bund bis zum Beginn der Rundung ab. Zum Schluss nähst du den Bund gemäß Anleitung an.

Grösse 122–164 | Schwierigkeitsgrad 2 | Schnittmusterbogen 1B

SWEATER

Material

- Sweatstoff in Schlamm meliert, 140 cm breit, 1,10 m (Gr. 122-140)/ 1,30 m (Gr. 146-164)
- Bündchenstoff in Schlamm meliert, 100 cm breit, 40 cm
- farblich passendes Nähgarn

Nahtzugaben

Mit 1 cm Nahtzugabe zuschneiden.

Zuschnitt

Sweatstoff

1x Rückenteil im Stoffbruch
1x Vorderteil im Stoffbruch
2x Ärmel gegengleich (Linie „mit Bündchen“)

Bündchenstoff

1x Saumbündchen im Stoffbruch
2x Ärmelbündchen
1x Halsbündchen, 4 cm breit, Länge: Halsausschnittweite x 0,8 plus 2 cm Nahtzugabe

1 Vorder- und Rückenteil rechts auf rechts an den Schulterkanten bündig aufeinanderlegen und die Schulternähte schließen.

2 Das Halsbündchen einnähen (siehe S. 106 und 111). Dafür das Bündchen rechts auf rechts zum Ring zusammennähen, der Länge nach links auf links auf halbe Höhe (2 cm) falten, in den Ausschnitt stecken und gleichmäßig gedehnt einnähen. Nach Wunsch die Nahtzugabe in den Sweater legen und von rechts mit einem sehr dehnbaren Stich absteppen.

3 Die Ärmel rechts auf rechts mit der Armkugel in die Armausschnitte einpassen, feststecken und einnähen.

4 Die Ärmel der Länge nach rechts auf rechts legen und feststecken. Vorder- und Rückenteil an den Seitenkanten bündig rechts auf rechts legen und feststecken. Die Seitennähte in einem Arbeitsgang vom Ärmelsaum bis zur Unterkante des Sweaters schließen.

5 Die Ärmelbündchen und das Saumbündchen einnähen (siehe S. 106). Dafür die Bündchen jeweils rechts auf rechts zum Ring zusammennähen, der Länge nach links auf links auf halbe Höhe falten, rechts auf rechts in die Ärmelsäume bzw. den Saum stecken und annähen.

KREATIV-IDEE

UPCYCLING

Ausrangierte Shirts oder Sweater in möglichst großer Größe eignen sich hervorragend, um daraus neue Kleidung für den Nachwuchs zu nähen. Coole Prints kannst du wiederverwerten, einfarbige Stoffe selbst gestalten.

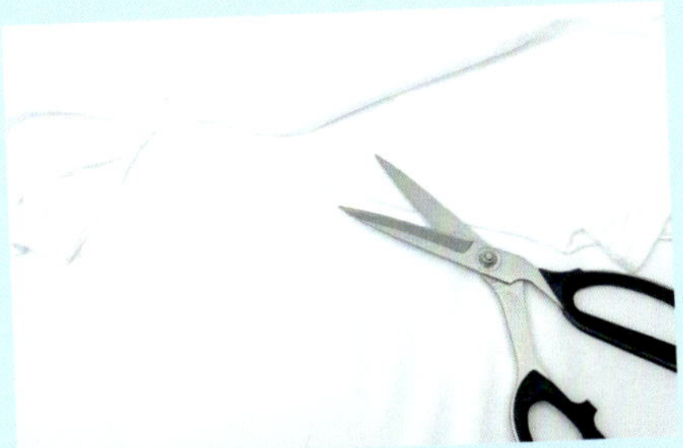

1 Schneide das Shirt oder den Sweater entlang der Seitennaht auf.

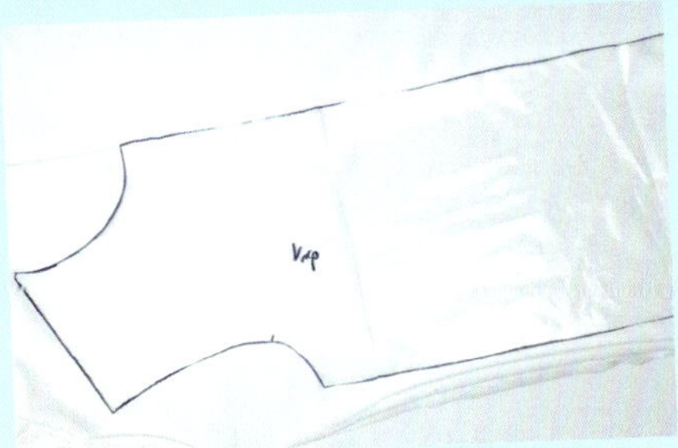

2 Lege die Schnittmuster auf und schneide die Teile zu. Achte auf Muster und platziere Prints an geeigneten Stellen. Lege die Schnittmuster so auf, dass du an der Unterkante beispielsweise den Saum oder die Ärmelsäume übernimmst, um das Säumen zu sparen.

3 Auch das Halsbündchen kannst du wiederverwerten. Trenne es heraus, kürze es auf die benötigte Länge und nähe es an dem neuen Halsausschnitt an. Nähe anschließend die Schnittteile zusammen.

Grösse 122–164 | Schwierigkeitsgrad 2 | Schnittmusterbogen 2A

JOGGINGHOSE

Material

- Sweatshirtstoff in Rauchblau meliert, 140 cm breit, 1,10 m (Gr. 122-140)/ 1,20 m (Gr. 146-164)
- Bündchenstoff in Rauchblau meliert, 66 cm breit, 20 cm
- Bügleinlage (z. B. Vlieseline G 710), 2x 3 cm x 3 cm
- 2 Ösen, ø 8 mm
- Hoodieband, 10 mm breit, 1 m
- Gummiband, 3 cm breit, 75 cm
- farblich passendes Nähgarn

Nahtzugaben

Mit 1 cm Nahtzugabe zuschneiden.

Zuschnitt

Sweatshirtstoff

2x Vorderhose gegengleich
2x Hinterhose gegengleich
2x Taschenbeutel vorne gegengleich
2x Taschenbeutel hinten gegengleich

Bündchenstoff

1x Bauchbündchen im Stoffbruch
2x Beinbündchen

ANLEiTUNG

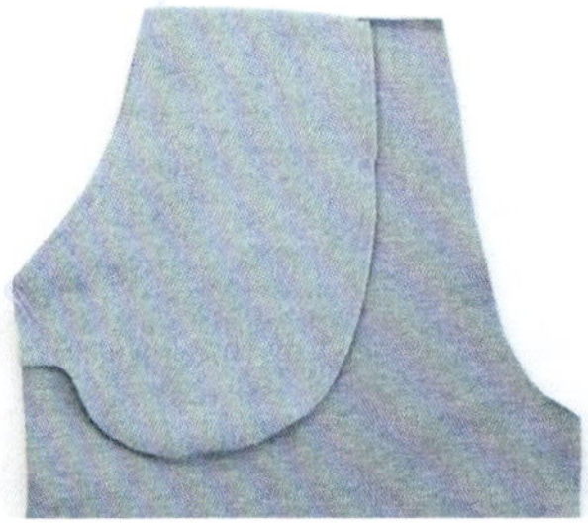

1 Für die Eingrifftaschen die vorderen Taschenbeutel rechts auf rechts an die Eingriffleisten in der Vorderhose nähen (siehe S. 116).

2 Die Taschenbeutel auf links klappen und die Naht bügeln und absteppen.

3 Die hinteren Taschenbeutel bündig auf die vorderen Taschenbeutel legen, feststecken und an der Rundung zusammennähen.

4 Die oberen Kanten der Taschenbeutel in der Nahtzugabe des Hosenbunds fixieren.

5 Die Vorderhosenteile rechts auf rechts bündig aufeinanderlegen und die vordere Schrittnaht schließen.

6 Die Hinterhosenteile rechts auf rechts bündig aufeinanderlegen und die hintere Schrittnaht schließen.

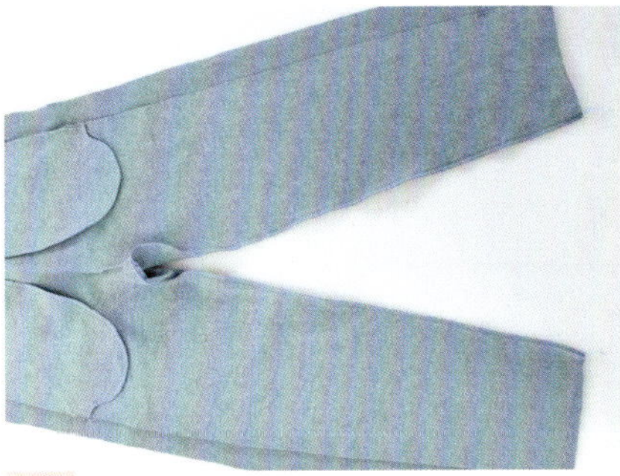

7 Vorder- und Hinterhose rechts auf rechts an den Innenbeinkanten bündig so aufeinanderlegen und feststecken, dass die Schrittnähte exakt aufeinanderliegen. Die Innenbeinnaht in einem Zug schließen.

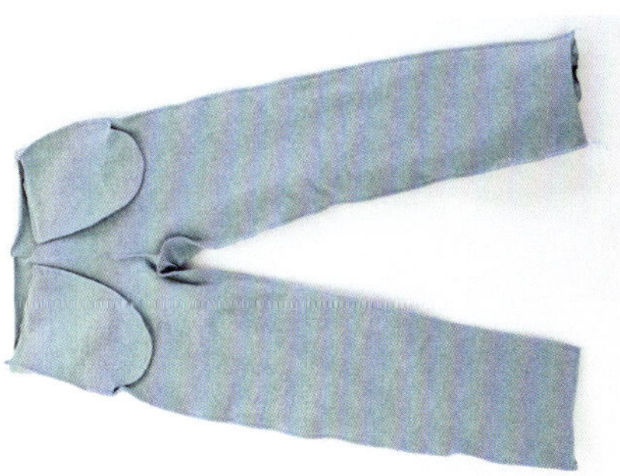

8 Vorder- und Hinterhose rechts auf rechts an den Seitenkanten bündig aufeinanderlegen und die Seitennähte schließen.

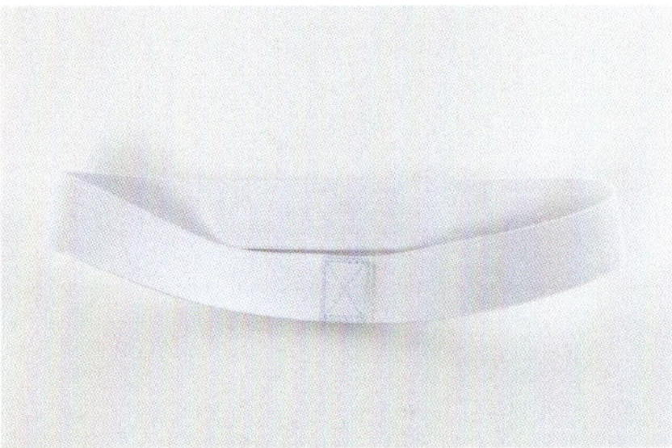

9 Das Gummi auf ca. 90 % der Weite des Bundes (je nach Elastizität des Gummis) plus 2 cm Nahtzugabe zuschneiden. Das Gummi 2 cm überlappend zu einem Ring zusammennähen.

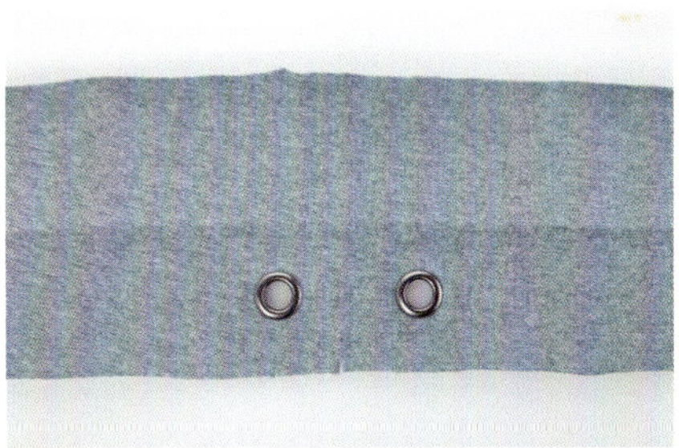

10 Am Bauchbündchen die Positionen für die Ösen markierungsgemäß von der linken Stoffseite aus mit Bügleinlage verstärken. Die beiden Ösen markierungsgemäß und nach Herstelleranleitung anbringen.

11 Den Bund rechts auf rechts an den kurzen Seiten zum Ring zusammennähen. Anschließend der Länge nach links auf links falten und bügeln. Den Gummiring in den Bund hineinlegen und den Bund mit Stecknadeln in Viertel einteilen. Den Hosenbund analog dazu ebenfalls vierteln. Den Bund rechts auf rechts in den Hosenbund stecken, dabei treffen die Stecknadelmarkierungen aufeinander, und einnähen (siehe S. 108). Die Nahtzugaben in die Hose legen und von rechts absteppen.

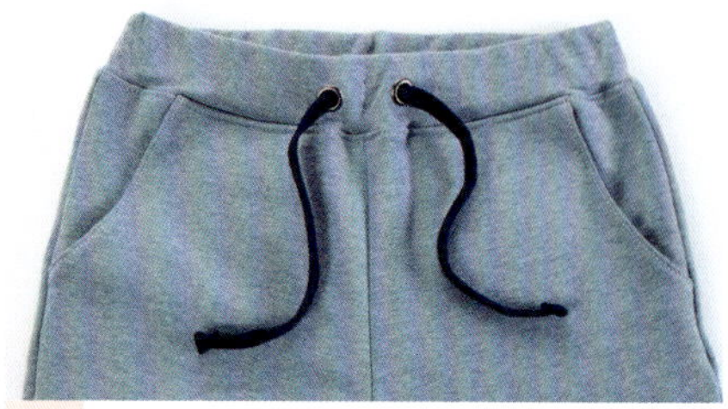

12 Am Hoodieband die Enden je 2 cm umklappen, mehrfach mit Geradstich festnähen und die Überstände zurückschneiden. Das Band durch die Ösen in den Bund einziehen und mittig mit einigen Geradstichen fixieren.

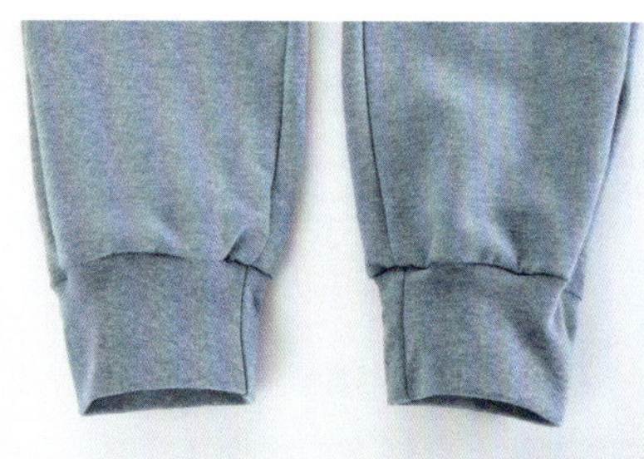

13 Die Beinbündchen annähen (siehe S. 106). Dafür die Bündchen rechts auf rechts zum Ring zusammennähen, der Länge nach links auf links auf halbe Höhe falten und gleichmäßig gedehnt an die Säume der Hosenbeine nähen.

KREATIV-IDEE

SEITENSTREIFEN

Der aufgenähte Seitenstreifen macht aus der Basic-Hose ein cooles Sportmodell.

1 Schließe zunächst die Seitennähte der Hose.

2 Schneide die beiden Streifen entsprechend der Hosenlänge zu. Fixiere die Streifen mit Textilkleber oder Stecknadeln und nähe sie knappkantig mit Geradstich fest.

3 Die Hose anschließend nach Anleitung fertigstellen.

GRÖSSE 122–164 | SCHWIERIGKEITSGRAD 1 | SCHNITTMUSTERBOGEN 2B

WEITER ROCK

MATERIAL

- Baumwolljersey in Rot mit weißen Punkten, 140 cm breit, 60 cm (Gr. 122-134)/ 1,10 m (Gr. 140-164)
- Gummiband, 3 cm breit, 75 cm
- farblich passendes Nähgarn

NAHTZUGABEN

Mit 1 cm Nahtzugabe zuschneiden. Am Saum mit 3 cm Saumzugabe zuschneiden.

ZUSCHNITT

2x Rockteil im Stoffbruch (Linie „Rockteil weit")
2x Taillenbündchen im Stoffbruch

1 Die Rockteile an den Seitenkanten rechts auf rechts bündig legen und die Seitennähte schließen.

2 Die Teile für das Taillenbündchen jeweils rechts auf rechts zum Ring zusammennähen. Die Ringe rechts auf rechts ineinanderlegen, feststecken und die obere Naht schließen. Das Bündchen wenden und links auf links falten.

3 Das Gummiband mit einer Länge von 80 % des Bauchumfangs plus 2 cm Nahtzugabe zuschneiden und zum Ring zusammennähen. Den Gummiring in den gefalteten Bund zwischen die Stofflagen legen.

4 Die Oberkante des Rocks mithilfe eines Heftfadens auf Hüftweite plus 5 cm raffen (siehe S. 114).

5 Gummi- und Rockbund mit Stecknadeln in vier gleich große Abschnitte teilen, feststecken, dabei treffen die Stecknadelmarkierungen aufeinander, und den Bund gleichmäßig gedehnt annähen (siehe S. 108).

6 Den Bund im gedehnten Zustand noch ein- oder zweimal ringsherum mit Geradstich absteppen, damit sich das Gummi im Stofftunnel nicht verdreht. Nach Wunsch die Nahtzugabe in den Rock legen und von rechts absteppen.

7 Den Saum 3 cm nach innen einschlagen, bügeln und von rechts mit einem dehnbaren Stich absteppen (siehe S. 107).

Grösse 122–164 | Schwierigkeitsgrad 1 | Schnittmusterbogen 1B

RAGLANTRIKOT

Material

Raglan-Trikot mit Langarm

- Funktionsjersey in Rot, 140 cm breit, 70 cm (Gr. 122-140)/ 80 cm (Gr. 146-164)
- Funktionsjersey in Weiß, 140 cm breit, 75 cm (Gr. 122-140)/ 85 cm (Gr. 146-164)
- Bündchenstoff, 66 cm breit, 10 cm

Raglan-Trikot mit Kurzarm

- Funktionsjersey in Blau und Weiß, 140 cm breit, 80 cm (Gr. 122-140)/ 1,20 m (Gr. 146-164)
- Bündchenstoff in Weiß, 66 cm breit, 10 cm
- farblich passendes Nähgarn

Nahtzugaben

Mit 1 cm Nahtzugabe zuschneiden. An den Unterkanten und an den Ärmeln mit 3 cm Saumzugabe zuschneiden.

Hinweis: Die Teilungsnähte an Vorder- und Rückenteil (siehe Foto S. 59) können frei gesetzt werden. Dazu die Schnittmuster von Vorder- und Rückenteil vor dem Zuschneiden nach Wunsch an der entsprechenden Linie trennen und die beiden Teile jeweils mit 1 cm Nahtzugabe an den Kanten der Teilungsnaht separat zuschneiden.

Zuschnitt

Raglan-Trikot mit Langarm

Jersey in Rot

1x Vorderteil im Stoffbruch
1x Rückenteil im Stoffbruch

Jersey in Weiß

2x Ärmel gegengleich

Bündchenstoff

1x Halsbündchen, 4 cm breit, Länge: Halsausschnittweite x 0,8 plus 2 cm Nahtzugabe

Raglan-Trikot mit Kurzarm

Jersey

1x Vorderteil im Stoffbruch
1x Rückenteil im Stoffbruch
2x Ärmel gegengleich (Linie „Kurzarm“)

Bündchenstoff

1x Halsbündchen, 4 cm breit, Länge: Halsausschnittweite x 0,8 plus 2 cm Nahtzugabe

1 Falls Teilungsnähte gewünscht werden, die entsprechenden Kanten an Vorder- und Rückenteil rechts auf rechts legen, feststecken und die Nähte schließen.

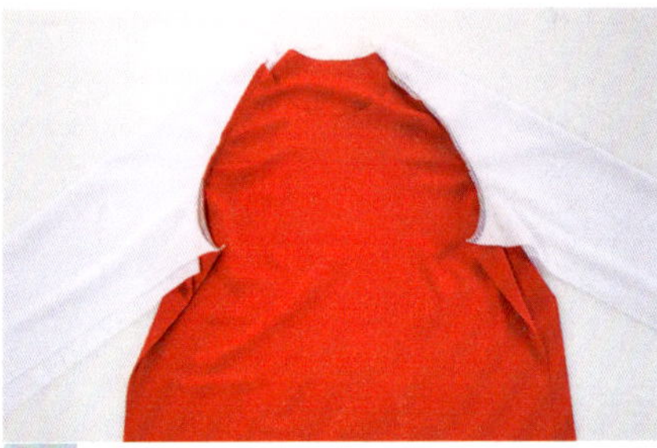

2 Die Ärmel jeweils nacheinander rechts auf rechts an die Raglannähte des Vorder- und Rückenteils legen und die Raglannähte schließen (siehe S. 105).

3 Die Ärmel der Länge nach rechts auf rechts zusammenlegen und feststecken. Vorder- und Rückenteil an den Seitenkanten bündig rechts auf rechts legen und ebenfalls feststecken. Die Ärmelkanten und Seitennähte vom Ärmelsaum bis zur Unterkante in einem Arbeitsgang schließen.

4 Das Halsausschnittbündchen annähen (siehe S. 106 und 111). Dafür das Bündchen rechts auf rechts zum Ring zusammennähen, der Länge nach links auf links falten, in den Ausschnitt stecken und gleichmäßig gedehnt einnähen. Nach Wunsch die Nahtzugaben in das Shirt legen und feststeppen.

5 Die Säume an Ärmeln und Unterkante 3 cm nach innen einschlagen, bügeln und von rechts mit einem dehnbaren Stich absteppen (siehe S. 107).

KREATIV-IDEE

PUNKTE STEMPELN

Gestalte dein persönliches Stoffdesign ganz einfach mit Stempeln und Stoffmalfarbe. Dazu brauchst du kein großes Equipment. Mit Hilfe eines einfachen Korkens kannst du im Handumdrehen deinen eigenen Punktestoff gestalten.

1 Die Stempelfläche sollte sehr eben sein. Schneide gegebenenfalls ein Stück Korken mit einem scharfen Messer ab. Trage Stofffarbe mit einem Holzspatel gleichmäßig auf dem Korken auf. Drücke den Korken anschließend behutsam, aber kräftig auf den Stoff.

2 Verteile die Punkte gleichmäßig über den ganzen Stoff. Unregelmäßige Abstände wirken lebhafter und sind einfacher umzusetzen. Trocknen lassen.

3 Fixiere die Stofffarbe nach Herstellerangabe. Meist wird die Farbe durch Bügeln fixiert. Lege beim Bügeln ein Stück Backpapier auf den Stoff. Jetzt kannst du dein Stoffunikat vernähen.

COLOR BLOCKiNG

Zum Color Blocking kannst du jedes Basic-Schnittmuster verwenden. Du brauchst dazu nur Stoffe in unterschiedlichen Farben und mit verschiedenen Mustern.

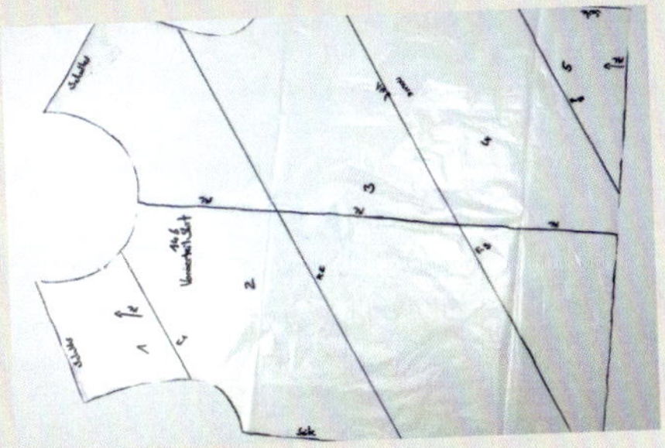

1 Pause die Schnittteile gespiegelt auf Folie ab und zeichne anschließend die gewünschten Teilungen ein. Beschrifte alle Teile sorgfältig (Mitte, Seite, Schulter, Saum etc.). Zerschneide das Schnittmuster nun entlang der eingezeichneten Teilungen.

2 Schneide die Einzelteile aus verschiedenen Stoffen mit 1 cm Nahtzugabe zu. Achte dabei sehr sorgfältig darauf, rechte und linke Seite des Schnittmusters nicht zu verwechseln. Es kann hilfreich sein, von der rechten Stoffseite aus zuzuschneiden (dabei liegt die linke Seite des Schnittmusters auf der rechten Stoffseite auf), dann musst du dir das Ergebnis nicht gespiegelt vorstellen. Schließe nun die Teilungsnähte und stelle das Kleidungsstück anschließend nach Anleitung fertig.

TiPP

Wenn du Stoffreste verwerten möchtest, kannst du auch zuerst einige Streifen zusammennähen und dann das ungeteilte Schnittmuster auflegen und zuschneiden.

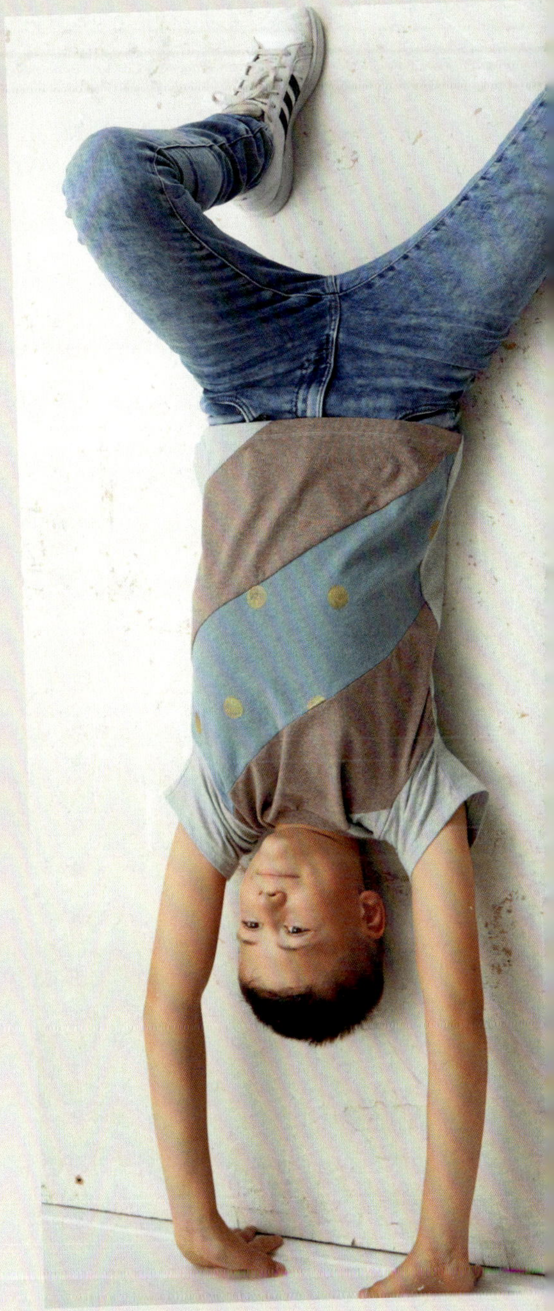

GRÖSSE 122–164 | SCHWIERIGKEITSGRAD 2 | SCHNITTMUSTERBOGEN 1B

HOODIE

MATERIAL

- Sweatstoff in Mint meliert, 140 cm breit, 1,40 m (Gr. 122-140)/ 1,60 m (Gr. 146-164)
- Baumwolljersey in Natur meliert, 140 cm breit, 50 cm
- Bündchenstoff in Mint meliert, 100 cm breit, 40 cm
- farblich passendes Nähgarn

Nahtzugaben

Mit 1 cm Nahtzugabe zuschneiden, an den Tascheneingriffen mit 2 cm Zugabe.

ZUSCHNITT

Sweatstoff

1x Rückenteil im Stoffbruch
1x Vorderteil im Stoffbruch
1x Kängurutasche im Stoffbruch
2x Ärmel gegengleich
2x Kapuze gegengleich

Jersey

2x Kapuze gegengleich

Bündchenstoff

1x Saumbündchen im Stoffbruch
2x Ärmelbündchen

ANLEITUNG

1 An der Kängurutasche die Zugaben an den Eingriffkanten 2 cm auf links falten und annähen. Die Nahtzugaben an der oberen und den seitlichen Taschenkanten zur linken Stoffseite umbügeln. Die Tasche markierungsgemäß in der vorderen Mitte auf dem Vorderteil feststecken und annähen.

2 Vorder- und Rückenteil rechts auf rechts an den Schulterkanten bündig aufeinanderlegen und die Schulternähte schließen.

3 Die Ärmel rechts auf rechts mit der Armkugel in die Armausschnitte einpassen, feststecken und einnähen.

4 Die Ärmel der Länge nach rechts auf rechts zusammenlegen und feststecken. Vorder- und Rückenteil an den Seitenkanten bündig rechts auf rechts legen und feststecken. Die Seitennähte in einem Zug vom Ärmelsaum bis zur Unterkante des Hoodies schließen.

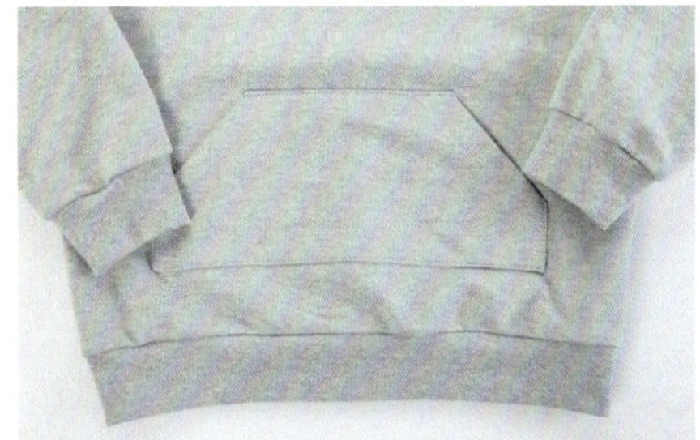

5 Die Ärmelbündchen und das Saumbündchen annähen (siehe S. 106). Dafür die Bündchen jeweils rechts auf rechts zum Ring zusammennähen, der Länge nach links auf links auf halbe Höhe falten, rechts auf rechts in die Ärmelsäume bzw. den Saum stecken und gleichmäßig gedehnt annähen.

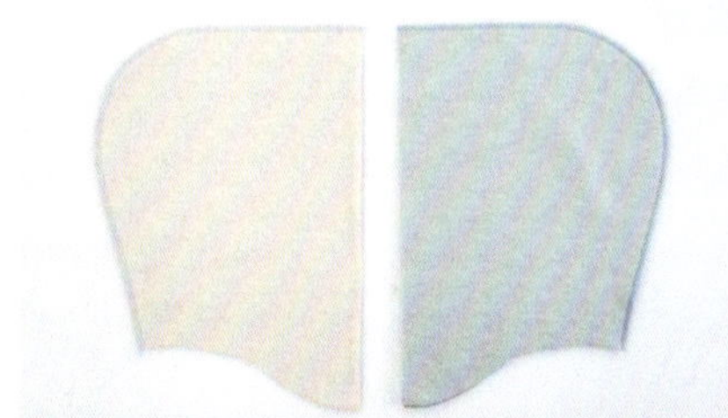

6 Die Kapuzenteile aus Sweatstoff und Jersey jeweils rechts auf rechts legen und die Scheitelnaht schließen.

7 Die Innenkapuze wenden, rechts auf rechts in die Außenkapuze stecken und die Teile an der Vorderkante zusammennähen. Die Kapuze wenden, links auf links legen, bügeln und bei Bedarf die Vorderkante absteppen.

8 Die Kapuze in doppelter Stofflage rechts auf rechts so in den Ausschnitt stecken und annähen, dass die Unterkante der Scheitelnaht auf die hintere Hoodiemitte und die vordere Mitte von Kapuze und Hoodie aufeinandertreffen. Die Nahtzugaben bei Bedarf in den Hoodie legen, bügeln und absteppen.

Grösse 122–164 | Schwierigkeitsgrad 1 | Schnittmusterbogen 1A

FLARE LEGGINGS

Material

- gerippter Jersey in Flieder, 140 cm breit, 1 m (Gr. 122-140)/ 1,20 m (Gr. 146-164)
- Gummiband, 3 cm breit, 75 cm
- farblich passendes Nähgarn

Nahtzugaben

Mit 1 cm Nahtzugabe zuschneiden. An den Säumen mit 2 cm Saumzugabe zuschneiden.

Zuschnitt

2x Hose gegengleich
4x Bund, je 2x gegengleich

ANLEITUNG

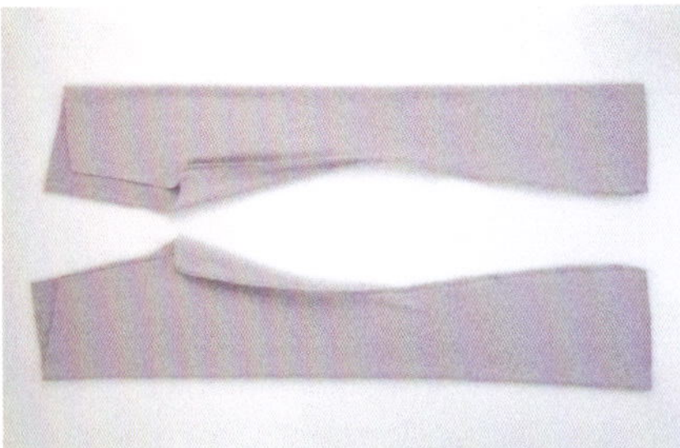

1 Die beiden Hosenteile jeweils rechts auf rechts legen und die innere Beinnaht schließen.

2 Ein Hosenteil auf rechts wenden und rechts auf rechts in das zweite Hosenbein stecken. Die Schrittnaht schließen.

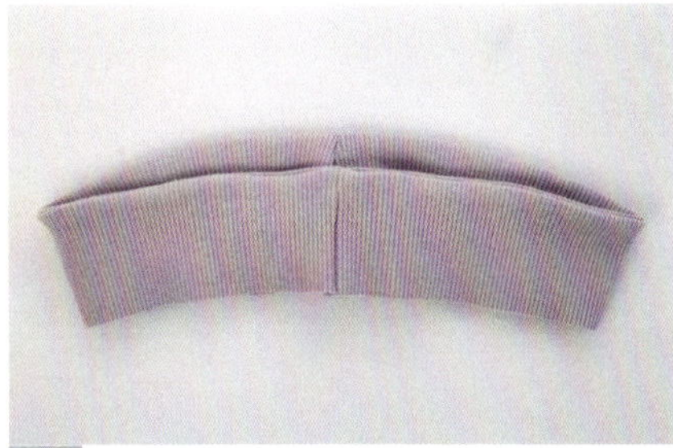

3 Jeweils zwei Bundteile rechts auf rechts zum Ring zusammennähen. Die Ringe rechts auf rechts ineinanderlegen, feststecken und die obere Naht schließen. Das Bündchen wenden und links auf links falten.

4 Das Gummiband mit einer Länge von 80 % des Bauchumfangs plus 2 cm Nahtzugabe zuschneiden und zum Ring zusammennähen. Den Gummiring in den gefalteten Bund zwischen die Stofflagen legen.

5 Gummi- und Hosenbund mit Stecknadeln in vier gleich große Abschnitte teilen, feststecken, dabei treffen die Stecknadelmarkierungen aufeinander, und den Bund gleichmäßig gedehnt annähen (siehe S. 108).

TiPP

Den Bund nach Wunsch im gedehnten Zustand noch ein- oder zweimal ringsherum mit Geradstich steppen, damit sich der Gummi im Stofftunnel nicht verdreht. Alternativ kannst du auch zwei senkrechte Nähte seitlich oder eine senkrechte Naht hinten in den Nahtschatten setzen.
Nach Wunsch die Nahtzugabe in die Hose legen und von rechts absteppen.

6 Die Hosensäume 2 cm nach innen einschlagen, bügeln und von rechts mit einem dehnbaren Stich absteppen (siehe S. 107).

Grösse 122–164 | Schwierigkeitsgrad 3 | Schnittmusterbogen 2B

FUNKTIONSJACKE

Material

- Fleecestoff in Rauchblau, 140 cm breit, 1,20 m (Gr. 122-140)/ 1,50 m (Gr. 146-164)
- Jersey in Rauchblau, 140 cm breit, 30 cm
- teilbarer Reißverschluss, 45 cm lang
- Falzgummi, 3-4 m lang
- Kordel oder Schrägband, 10 cm
- Stylefix
- farblich passendes Nähgarn

Nahtzugaben

Mit 1 cm Nahtzugabe zuschneiden. Die mit Falzgummi eingefassten Kanten (Säume, Jacken- und Kapuzenvorderkante) ohne Nahtzugabe zuschneiden.

Zuschnitt

Fleecestoff

1x Rückenteil im Stoffbruch
2x Vorderteil gegengleich
2x Ärmel gegengleich
2x Kapuze gegengleich
1x Untertritt/Kinnschutz

Jersey

4x Taschenbeutel, je 2x gegengleich

1 Zwei Taschenbeutel markierungsgemäß jeweils rechts auf rechts auf die Vorderteile legen, feststecken und an den Seitenkanten annähen.

2 Die beiden anderen Taschenbeutel markierungsgemäß rechts auf rechts auf das Rückenteil legen, feststecken und an den Seitenkanten annähen.

3 Die Vorderteile rechts auf rechts an den Schulterkanten bündig auf das Rückenteil legen und die Schulternähte schließen.

4 Die Kapuzenteile rechts auf rechts legen und die Scheitelnaht schließen.

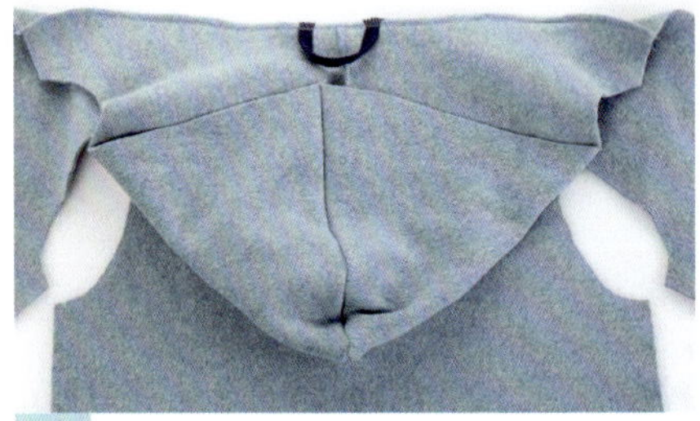

5 Die Unterkante der Kapuze rechts auf rechts am Halsausschnitt der Jacke bündig feststecken. Kordel oder Schrägband zur Schlaufe legen und als Aufhänger zwischen die Stofflagen schieben. Die Kapuze an den Halsausschnitt nähen, dabei den Aufhänger mitfassen.

6 Die Ärmelsäume mit stärker gedehntem Falzgummi einfassen (siehe S. 113).

7 Die Ärmel rechts auf rechts mit der Armkugel in die Armausschnitte einpassen, feststecken und sorgfältig einnähen.

8 Die Ärmel der Länge nach rechts auf rechts zusammenlegen, Vorderteile und Rückenteil an den Seitenkanten bündig aufeinanderlegen und feststecken, die ausgeklappten Taschenbeutel ebenfalls bündig aufeinanderlegen und feststecken. Die Einfassungen der Ärmel mit einigen Stichen provisorisch aufeinander fixieren. Die Seitennähte vom Ärmelsaum über die Taschenbeutel bis zur Jackenunterkante schließen. Die Nahtzugaben an den Ärmelsäumen und Seitennähten Richtung Rückenteil legen und von rechts absteppen.

9 Die Taschen mit einigen Stichen in der Nahtzugabe an der Unterkante der Vorderteile fixieren.

10 An einer Seitennaht beginnend die Jacken- und Kapuzenkante in einem Zug mit Falzgummi einfassen, dabei auch die Taschenunterkanten mitfassen. Den Gummi im Bereich der Kapuzenvorderkante eher stark, am unteren Rückenteil leicht und an den späteren Reißverschlusskanten nicht dehnen. Die Einfassung am Saum zunächst nur provisorisch aufeinander fixieren.

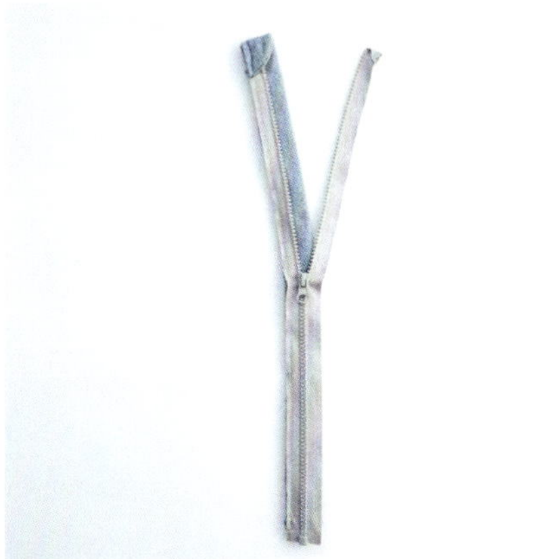

11 Den Untertritt rechts auf rechts falten, an der gebogenen Kante absteppen, wenden und bügeln. Die gerade Kante bei Bedarf versäubern. Den Reißverschluss nun so auf die Fleeceseite des Untertritts legen, dass die Zähnchen oben an der Knipsmarkierung enden und die kurze Seite des Untertritts über den Reißverschluss nach unten geklappt wird. Das Gefaltete mit einigen Nähmaschinenstichen heften.

12 Den Reißverschluss mit Stylefix rechts auf links so hinter die Mittelkanten des Vorderteils kleben und feststecken, dass er am Kapuzenansatz beginnt und sich nach unten öffnen lässt. Von Hand heften. Danach den Reißverschluss mit Geradstich einsetzen, dabei von rechts auf dem Falzgummi nähen und der ersten Naht möglichst exakt folgen. Anfang und Ende der Naht mit Rückstichen sichern.

Grösse 122–164 | Schwierigkeitsgrad 2 | Schnittmusterbogen 2B

Kleid mit weitem Rock

Material

- Baumwolljersey in Schwarz mit weißen Sternen, 140 cm breit, 70 cm
- Baumwolljersey in Pink, 140 cm breit, 40 cm (Gr. 122-140)/ 50 cm (Gr. 146-164)
- Bündchenstoff in Pink, 66 cm breit, 20 cm (Gr. 122-140)/ 100 cm breit, 20 cm (Gr. 146-164)
- farblich passendes Nähgarn

Nahtzugaben

Mit 1 cm Nahtzugabe zuschneiden. Am Rocksaum mit 3 cm sowie an den Ärmelsäumen mit 2 cm Saumzugabe zuschneiden.

Zuschnitt

Jersey in Pink

1x Vorderteil im Stoffbruch
1x Rückenteil im Stoffbruch

Jersey in Schwarz mit weißen Sternen

2x Rockteil im Stoffbruch (Linie „Rockteil weit“)
4x Taschenbeutel, je 2x gegengleich

Bündchenstoff

2x Taillenbündchen im Stoffbruch
1x Halsbündchen, 4 cm breit, Länge: Halsausschnittweite x 0,8 plus 2 cm Nahtzugabe

ANLEITUNG

1 Die geraden Seitenkanten sowie die Ärmelkanten an Vorder- und Rückenteil mit einem Zickzackstich oder einer Overlocknaht versäubern. Vorder- und Rückenteil rechts auf rechts an den Schulterkanten bündig aufeinanderlegen und die Schulternähte schließen.

2 Vorder- und Rückenteil rechts auf rechts an den Seitenkanten bündig aufeinanderlegen und die Seitennähte von unten bis zur Markierung schließen. Die Ärmelsäume 2 cm nach innen einschlagen, bügeln und von rechts mit einem dehnbaren Stich absteppen (siehe S. 107). Nach Wunsch das Ende der Seitennähte jeweils mit einem kleinen Riegel sichern, damit nichts ausreißt.

3 Das Halsbündchen einnähen (siehe S. 106, 111). Dafür das Bündchen rechts auf rechts zum Ring zusammennähen, der Länge nach links auf links auf halbe Höhe (2 cm) falten, in den Ausschnitt stecken und gleichmäßig gedehnt einnähen. Nach Wunsch die Nahtzugabe in das Shirt legen und von rechts mit einem sehr dehnbaren Stich absteppen.

4 Die geraden Kanten der Taschenbeutel versäubern. Die Taschenbeutel markierungsgemäß jeweils bündig rechts auf rechts auf die Seitenkanten der Rockteile stecken und annähen. Die Nähte bügeln.

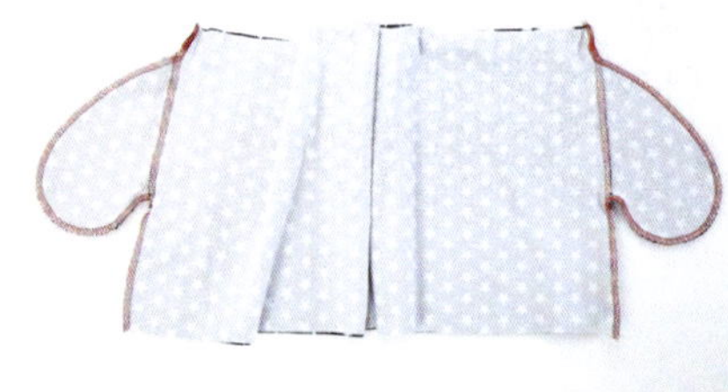

5 Die Rockteile an den Seitenkanten rechts auf rechts bündig legen, dabei auch die ausgeklappten Taschenbeutel bündig aufeinanderlegen. Die Seitennähte von der Rockoberkante über die Taschenbeutelkanten bis zum Saum schließen.

6 Die Oberkante des Rocks mithilfe eines Heftfadens auf Hüftweite plus 5 cm raffen (siehe S. 114).

7 Die Teile für das Taillenbündchen jeweils rechts auf rechts legen und zum Ring zusammennähen. Taillenbündchen und Rockoberkante mit Stecknadeln in vier gleich große Abschnitte einteilen (siehe S. 106). Ein Bündchen rechts auf rechts an die Rockoberkante stecken, das andere rechts auf links, dabei treffen die Stecknadelmarkierungen aufeinander, und leicht gedehnt annähen.

8 Den Rocksaum 3 cm nach innen einschlagen, bügeln und von rechts mit einem dehnbaren Stich absteppen (siehe S. 107).

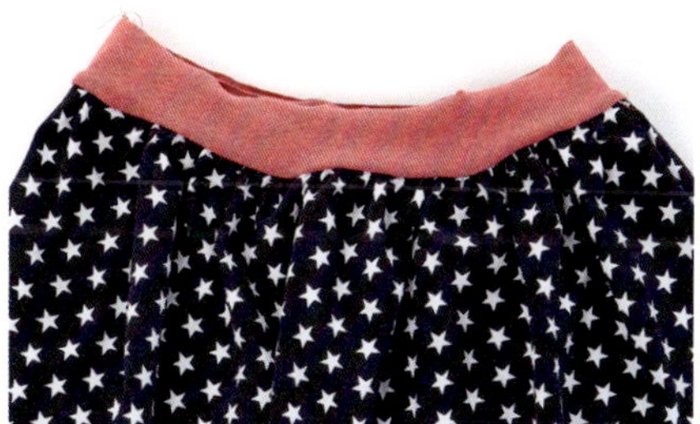

9 Die Unterkante des Oberteils sowie die Oberkante des Taillenbündchens mit Stecknadeln in vier gleich große Abschnitte einteilen (siehe S. 106).

10 Das Bündchen rechts auf rechts an die Oberteilunterkante stecken, dabei treffen die Stecknadelmarkierungen aufeinander, und leicht gedehnt annähen.

KREATIV-IDEE

APPLIKATION AUS BÜGELFOLIE

Für Applikationen aus Bügelfolie brauchst du keinen Plotter. Zeichne das Motiv auf Papier vor oder verwende ein Ausmalbild, das du zurechtschneidest.

1 Übertrage das Bild mit einem Folienstift auf die Bügelfolie. Achte darauf, dass du das Motiv spiegelverkehrt zeichnest, wenn du es auf die aufzubügelnde Seite der Flex- oder Flockfolie überträgst.

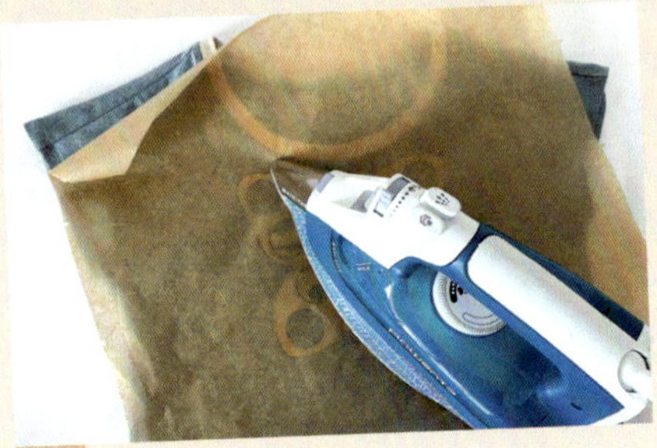

2 Platziere das Motiv an der gewünschten Stelle und bedecke es mit Backpapier. Bügle das Motiv mit ausreichend Druck und ohne Dampf durch das Backpapier fest und halte dich dabei bei Zeit und Temperatur an die Herstellerangaben.

KORDELN SELBST MACHEN

Nicht immer hat man eine farblich passende Kordel zur Hand. Warum also nicht einfach eine selber herstellen?

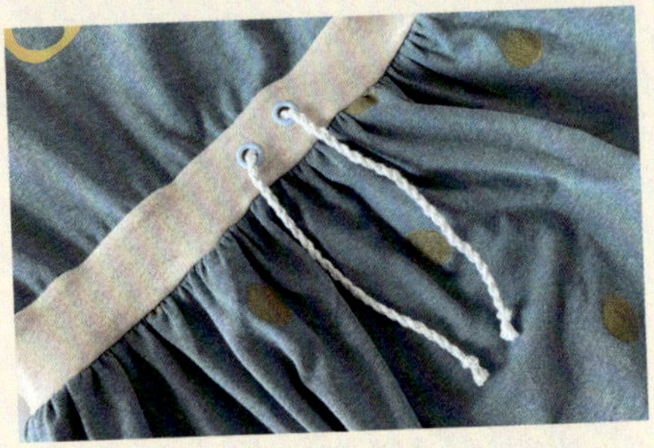

Aus farbigem Baumwoll- oder Polyestergarn kannst du ganz leicht durch Eindrehen oder Flechten deine eigenen Kordeln passend zum Stoff herstellen. Verwende keine Wolle, damit die Kordel gut waschbar ist.

TIPP

Eine feste Unterlage ist zum Anpressen geeigneter als ein Bügelbrett. Du kannst ein Holzbrettchen unterlegen oder du bügelst auf einem durch eine Unterlage geschützten Tisch.

Grösse 122–164 | Schwierigkeitsgrad 2 | Schnittmusterbogen 1A

BUSTiER

Material

- Baumwolljersey in Mint meliert, 140 cm breit, 40 cm
- Gummiband in Türkis-Grau gestreift, 4-5 cm breit, 75 cm
- farblich passendes Nähgarn

Nahtzugaben

Mit 1 cm Nahtzugabe zuschneiden. Am Halsausschnitt sowie an den Armausschnitten ohne Nahtzugabe zuschneiden.

Zuschnitt

1x Vorderteil im Stoffbruch
1x Rückenteil im Stoffbruch
1x Einfassstreifen für den Halsausschnitt, 4 cm breit, Länge: Halsausschnittweite x 0,8 plus 2 cm Nahtzugabe
2x Einfassstreifen für den Armausschnitt, 4 cm breit, Länge: Armausschnittweite plus 2 cm Nahtzugabe

1 Vorder- und Rückenteil an den Schulterkanten bündig rechts auf rechts aufeinanderlegen, feststecken und eine Schulternaht schließen.

2 Den Halsausschnitt einfassen (siehe S. 109).

3 Vorder- und Rückenteil an den Schulterkanten bündig rechts auf rechts aufeinanderlegen und die zweite Schulternaht schließen. Die Armausschnitte einfassen. Vorder- und Rückenteil an den Seitenkanten bündig rechts auf rechts legen und feststecken. Die Seitennähte schließen.

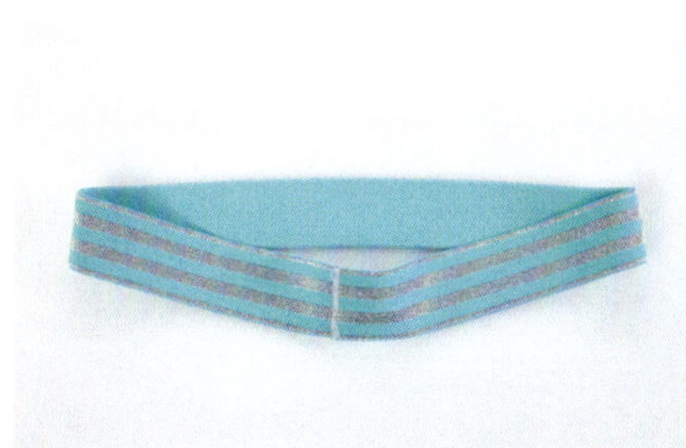

4 Das Gummiband auf 90 % des Umfangs an der Unterkante zuschneiden. Die Enden des Gummibandes Stoß auf Stoß aneinanderlegen und mit einem sehr engen, breiten Zickzackstich (5 mm breit, 0,2 mm lang) flach zusammennähen. Dabei darauf achten, dass das Gummiband nicht verdreht ist.

5 Das Gummiband und die Bustierunterkante jeweils mit Stecknadeln vierteln. Gummi und Unterkante links auf rechts passgenau so aufeinanderstecken, dass das Gummiband das Bustier auf der rechten Stoffseite um die Nahtzugabe (1 cm) überragt. Das Gummiband an seiner Unterkante gleichmäßig gedehnt von rechts auf die Unterkante steppen.

Größe 122–164 | Schwierigkeitsgrad 1 | Schnittmusterbogen 2B

SCHMALER ROCK

Material

- Baumwolljersey in Grau, 140 cm breit, 60 cm
- Gummiband, 3 cm breit, 75 cm
- farblich passendes Nähgarn

Nahtzugaben

Mit 1 cm Nahtzugabe zuschneiden, am Bund und am Saum mit 3 cm Zugabe zuschneiden.

Zuschnitt

2x Rockteil im Stoffbruch (Linie „Rockteil schmal")

ANLEITUNG

1 Das Rockteil an den Seitenkanten rechts auf rechts bündig legen und die Seitennähte schließen.

2 Das Gummiband mit einer Länge von 80 % des Bauchumfangs plus 2 cm Nahtzugabe zuschneiden und zum Ring zusammennähen.

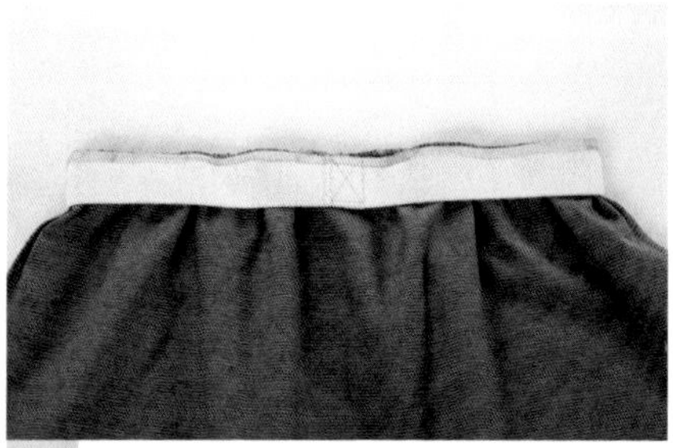

3 Gummi und Rockbund mit Stecknadeln in vier gleich große Abschnitte teilen. Das Gummi auf der linken Stoffseite am Rockbund feststecken, sodass die Stecknadelmarkierungen aufeinandertreffen. Das Gummi gleichmäßig gedehnt annähen.

4 Den Bund mit dem Gummi nach innen klappen und mit gedehntem Gummi ein- oder zweimal ringsherum mit Geradstich absteppen.

5 Den Saum 3 cm nach innen einschlagen, bügeln und von rechts mit einem dehnbaren Stich absteppen (siehe S. 107).

Grösse 122–164 | Schwierigkeitsgrad 3 | Schnittmusterbogen 1B

TROYER

Material

- Fleece in Grau meliert, 140 cm breit, 1,10 m (Gr. 122-140)/ 1,30 m (Gr. 146-164)
- nicht teilbarer Reißverschluss, 15 cm lang
- Stylefix
- farblich passendes Nähgarn

Nahtzugaben

Die Teile mit 1 cm Nahtzugabe zuschneiden. Die Säume an Ärmeln und Unterkante mit 3 cm Saumzugabe zuschneiden.

Zuschnitt

Vor dem Zuschneiden das Schnittmuster vom Vorderteil an der horizontalen Linie (Teilungsnaht) trennen. Das Schnittmuster für die Ärmel bis zur Linie für die Verarbeitung ohne Bündchen abpausen.

1x Rückenteil im Stoffbruch
2x Vorderteil oben gegengleich
1x Vorderteil unten im Stoffbruch
2x Ärmel gegengleich
1x Kragen im Stoffbruch

ANLEITUNG

1 Die oberen Vorderteile rechts auf rechts an den Schulterkanten bündig auf das Rückenteil legen und die Schulternähte schließen.

2 Die Oberkante des Kragens versäubern. Den Kragen mit der unversäuberten Kante rechts auf rechts an den Halsausschnitt stecken und annähen.

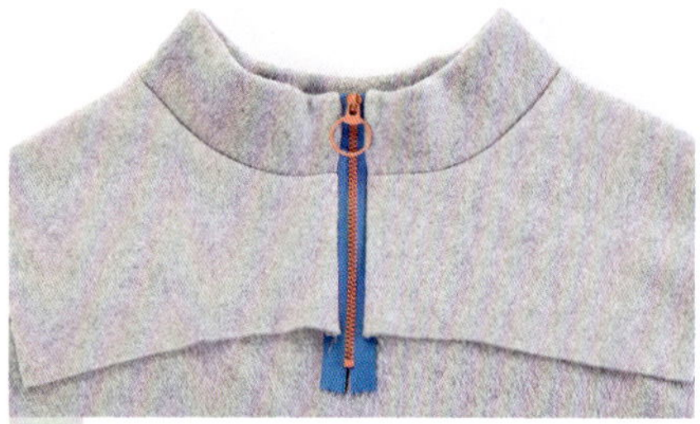

3 Den Reißverschluss rechts auf rechts mit Stylefix an die Kanten von Vorderteil- und Kragen kleben und feststecken. Dabei reicht der Reißverschluss bis in die Mitte des Kragens. Den Reißverschluss von Hand heften. Die obere Hälfte des Kragens rechts auf rechts über den Reißverschluss falten und feststecken. Den Reißverschluss mit Geradstich einsetzen. Die Unterkante des Kragens von außen im Nahtschatten an den Halsausschnitt nähen.

4 Das vorbereitete obere Vorderteil an der Teilungsnaht rechts auf rechts auf das untere Vorderteil legen und die Naht schließen.

5 Die Ärmel rechts auf rechts mit der Armkugel in die Armausschnitte einpassen, feststecken und einnähen.

6 Die Ärmel der Länge nach rechts auf rechts legen und feststecken. Vorder- und Rückenteil an den Seitenkanten bündig rechts auf rechts legen, feststecken und die Seitennähte in einem Arbeitsgang vom Ärmelsaum bis zur Unterkante des Shirts schließen.

7 Die Säume an Ärmeln und Unterkante des Shirts 3 cm nach innen einschlagen, bügeln und von rechts mit einem dehnbaren Stich absteppen (siehe S. 107).

KREATIV-IDEE

GESTICKTE KNOPFBLUMEN

Handstickerei ist eine wunderbare Möglichkeit, ein Kleidungsstück mit einfachen Mitteln aufzuwerten. Als Blüten habe ich bunte Knöpfchen verwendet.

1 Übertrage das Schnittmuster mit einem löschbaren Stift auf die rechte Stoffseite, schneide das Schnittteil aber noch nicht aus. Zeichne Stängel und Blätter an passender Stelle auf. Verstärke die Rückseite des Stoffs bei Bedarf mit Stickvlies. Spanne den Stoff in einen Stickrahmen oder Stickring. Nun kannst du die Stängel mit Rückstich und Stielstich sowie einige einfache Blätter aufsticken.

2 Nähe zuletzt verschiedene Knöpfe in unterschiedlichen Farben und Formen an.

TIPP

Es gibt gemischte Knopftütchen zu kaufen. Aber auch in Nähkästchen von älteren Verwandten lassen sich oft Knopfschätze finden.

GRUNDLAGEN

JERSEY – WAS IST DAS?

Jersey, auch als T-Shirtstoff bekannt, ist ein Stoff, der nicht gewebt, sondern in Maschen gewirkt bzw. gestrickt wird – anders als die im Allgemeinen als Baumwollstoffe bekannten Webstoffe. Jersey und andere Maschenwaren sind weich und dehnbar und bieten damit einen hohen Tragekomfort. Sie eignen sich bestens für Kinderkleidung, aber auch für bequeme Lieblingsstücke für Erwachsene.

In der Regel sind gestrickte Stoffe in der Breite dehnbar, Stretchjersey bis zu einem gewissen Maß auch in der Länge. Anders als bei Webstoffen spricht man bei Jersey nicht vom Fadenlauf, sondern vom Maschenlauf. Damit ist die Richtung gemeint, in der der Stoff gestrickt wurde. Der Maschenlauf verläuft parallel zur Seitenkante und ist beim korrekten Zuschnitt von großer Bedeutung, damit sich das fertige Kleidungsstück in der richtigen Richtung (senkrecht zum Maschenlauf) dehnen lässt. Im Unterschied zu gewebten Stoffen müssen Jerseystoffe und andere Maschenwaren beim Nähen nicht versäubert werden. Die Kanten ribbeln nach dem Schneiden nicht auf und können daher unversäubert zusammengenäht werden.

VERSCHIEDENE STOFFARTEN

Je nach Stricktechnik und Maschenbild auf der Vorderseite (rechte Stoffseite) und auf der Stoffrückseite (linke Stoffseite) unterscheidet man zwischen verschiedenen Stoffarten. Die gängigsten sind:

1 **Singlejersey/Trikot** mit rechten Maschen auf der rechten Stoffseite und linkem Maschenbild auf der Stoffrückseite, oft als Stretchjersey mit Elasthananteil

2 **Interlock** mit rechten Maschen auf beiden Seiten

3 **Sweatshirtstoff**, ähnlich wie Singlejersey mit rechten Maschen auf der Vorderseite und Schlingen (3a) oder angerauter Oberfläche (3b) auf der linken Stoffseite

4 **Nickystoff** mit weichem Flor und rechten Maschen auf der Rückseite
5 **Stretchfrottee**, ähnlich wie Nicky, nur mit Schlaufen statt Flor
6 **Fleece**, ein verfilztes Gestrick aus Polyester
7 **Bündchenware**, also fein (7a) oder grob gerippter (7b) Strickstoff mit einem eher hohen Elasthananteil von 5 bis 10 % für Abschlüsse an Hals und Saum

Jersey und Interlock bestehen meist aus Baumwollfasern, denen bisweilen beispielsweise Elasthan beigemischt ist, um ihre Dehnbarkeit und Formstabilität zu erhöhen (Stretchjersey, Bündchenware). Nicky, Sweat und Frottee haben meist einen Polyesteranteil (oft 20 %), Fleecestoffe bestehen für gewöhnlich zu 100 % aus Polyester. Neben der Materialzusammensetzung unterscheiden sich die Stoffe vor allem im Gewicht. Es gibt Aufschluss über die Dicke des Stoffes, die wiederum dessen Einsatzgebiet bestimmt. So eignen sich schwerere Stoffe wie angerauter Sweat gut für Pullis, Hosen und Jacken, Stretchjersey hingegen ist für T-Shirts optimal.

JERSEY NÄHEN MIT DER NORMALEN NÄHMASCHINE

Jersey zu verarbeiten gelingt auch dem ungeübten Näher mit einer einfachen Haushaltsmaschine, wenn einige wichtige Dinge berücksichtigt werden.

DIE RICHTIGE NADEL

Zunächst sollte man für ein sauberes Stichbild unbedingt eine Jerseynadel mit 75er bis 90er Stärke verwenden. Sie hat eine abgerundete Kugelspitze und sticht so zwischen den Maschen ein, dass sie nicht verletzt werden. Je nach Hersteller sind Nadeln mit runder Spitze im Handel auch unter der Bezeichnung Stretchnadel erhältlich.
Eine feine Jerseynadel mit maximal 80er Stärke vermindert zudem

das „Fressen“ von Stoff, bei dem der Jersey vor allem zu Nahtbeginn in das Loch der Stichplatte gedrückt und nach unten gezogen wird.

DER RICHTIGE STICH

Die Stichauswahl der Nähmaschine hängt stark vom Modell ab. Grundsätzlich gilt, dass die Stichauswahl mit steigendem Preis der Maschine größer wird. Doch über die Grundstiche Geradstich und Zickzackstich verfügt jede zeitgemäße Nähmaschine und diese beiden Stiche reichen prinzipiell auch aus.
Wichtig beim Nähen von Jerseystoffen ist die Elastizität der Naht – besonders da, wo der Stoff beim Anziehen oder Tragen stark gedehnt wird, zum Beispiel am Halsausschnitt oder an den Säumen.
Je nach Verfügbarkeit eignen sich folgende Stiche für verschiedene Einsatzgebiete:
Der **Geradstich (1)** ist beim Nähen von Jersey nicht so wichtig wie beim Verarbeiten von Webware. Denn Geradstichnähte sind nur wenig dehnbar. Trotzdem kann im Maschenlauf auch mit Geradstich genäht werden, wenn beispielsweise Bündchen zum Ring genäht werden. Außerdem eignet sich der Geradstich für Steppnähte, die entweder wenig unter Spannung stehen (bei Applikationen, aufgesetzten Taschen) oder auf bereits gedehntem Stoff gearbeitet werden (bei Einfassungen). Über einen **Zickzackstich (2)** verfügt nahezu jede Nähmaschine. Beim Zusammennähen sollte eine kurze Stichlänge gewählt werden, weil sich sonst aufgrund des Zickzackverlaufes des Stichs Lücken in der Naht bilden – umso mehr, je weiter die Einstichpunkte der Zickzacknaht auseinanderliegen. Gewünscht ist ein eher schmaler Zickzackstich mit Zacken, deren Spitzen 2 bis 3 mm Abstand zueinander haben. Grundsätzlich gilt dabei: Je flacher der Zickzackverlauf, desto weniger dehnbar ist die Naht.
Im mäßig spitzen Winkel ermöglicht der Zickzackstich dehnbare Säume oder Steppnähte, besonders eng eingestellt werden mit ihm Rollsäume gearbeitet. Auch

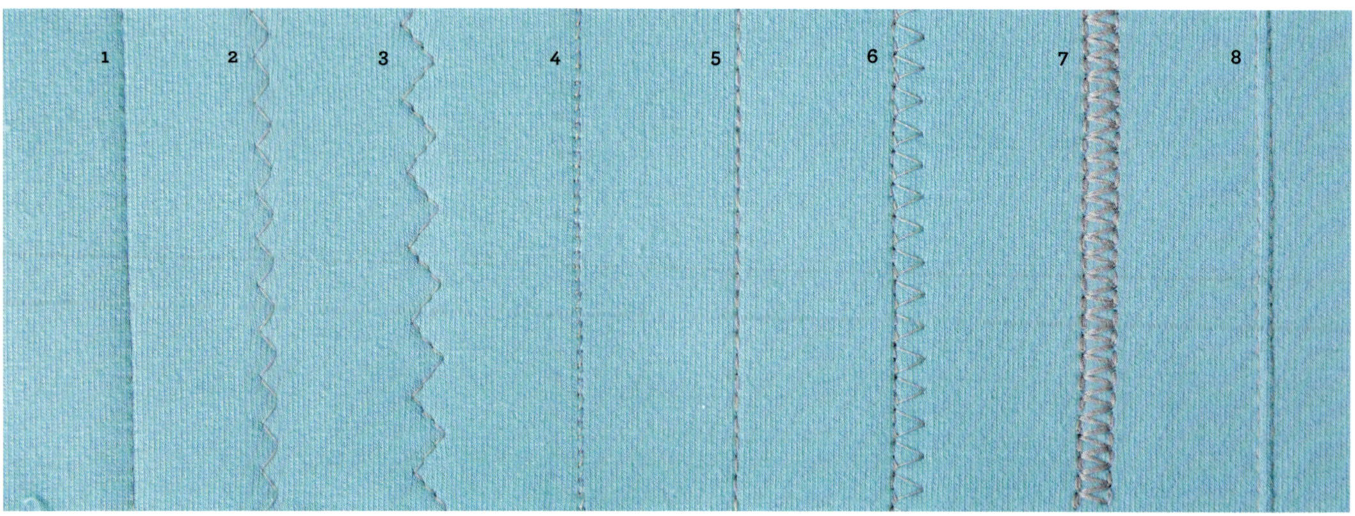

zum Applizieren ist dieser Stich sehr wichtig.
Vor allem zum Säumen und Absteppen von dehnbaren Stoffen eignet sich der **dreigeteilte Zickzackstich (3)**. Diese Nähte bleiben besonders dehnbar und überstehen problemlos selbst eine weniger pflegliche Behandlung durch Kinder. Kurz eingestellt können mit diesem Stich Nähstücke auch zusammengenäht werden.
Der **Elastikstich (4)** verläuft in eher längsgerichteten Zacken – immer vor und zurück nebeneinander. Die Nähte sind schmal und elastisch und damit sowohl zum Zusammennähen als auch für Steppnähte gut geeignet.
Der **dreifache Geradstich (5)** hat eine geringe Elastizität und eine hohe Reißfestigkeit, eignet sich also besonders für Nähte, die große Belastungen aushalten müssen. Die Naht ist sehr dicht und bildet auch bei Zug keine Lücken. Mit dem dreifachen Geradstich lässt sich zudem sehr gut und haltbar Jersey applizieren.
Da durch Elastikstich und dreifachen Geradstich schmale Nähte entstehen, lassen sich die Nahtzugaben bei ihnen stark zurückschneiden. So werden bei Bündchen, Mützen und gedoppelt Genähtem besonders flache Nähte möglich, die weder drücken noch auftragen.
Pseudo-Overlockstiche (6 + 7) gibt es in verschiedenen Ausführungen. Sie nähen in einem Arbeitsgang zusammen und versäubern auch zugleich, dabei bleiben die Nähte elastisch. Das ähnelt der Arbeitsweise einer Overlockmaschine (siehe Seite 100). Ein professionelles Aussehen bekommt Kleidung, wenn man beim Absteppen und Säumen zur **Zwillingsnadel (8)** greift. Die Nadeln nähen mit zwei Oberfäden im Geradstich, während der Unterfaden auf der Rückseite im Zickzackstich verläuft. So entstehen zwei akkurat parallel verlaufende, dehnbare Nähte. Dabei sind oft Adaptionen der Fadenspannung nötig, da der Unterfaden wirklich im Zickzack verlaufen muss. Das lässt sich meist durch eine Erhöhung der Oberfadenspannung erreichen.

HÄUFIGE PROBLEME VERMEIDEN

Beim Nähen von Jersey treten gelegentlich einige Schwierigkeiten auf, die sich jedoch mit ein paar kleinen Tricks leicht umgehen lassen.
Das häufigste Problem beim Verarbeiten von dehnbarer Maschenware ist, dass sich die **Nähte unschön wellen**. Vor allem beim Absteppen ist das häufig zu beobachten. Ursache dafür ist, dass der Stoff beim Nähen gedehnt wird. Deshalb ist es sehr wichtig, den Stoff nur vorsichtig unter der Maschine zu führen und auf keinen Fall zu ziehen. Besitzt die Maschine einen verstellbaren Nähfußdruck, sollte man ihn am besten stark reduzieren. So wird von oben weniger Druck auf den Stoff ausgeübt.
Auch ein zuverlässiger Transport ist essenziell. Ein **Obertransportfüßchen**, das es für die meisten handelsüblichen Maschinen als Zubehör gibt, kann dabei von großem Nutzen sein.

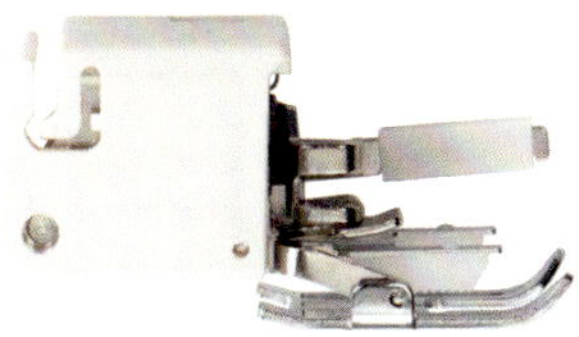

Alternativ hilft es, ein Stück **ausreißbares Stickvlies** zuunterst mitlaufen zu lassen. Der Transporteur der Maschine kann so besser greifen, der Stoff wird stabilisiert und vor dem Ausdehnen bewahrt. Das Vlies wird anschließend wieder entfernt. Ist kein Stickvlies zur Hand, hilft auch ein Stück **Küchenrolle**. Diese Hilfsmittel kommen auch bei Applikationen auf Jersey zum Einsatz.

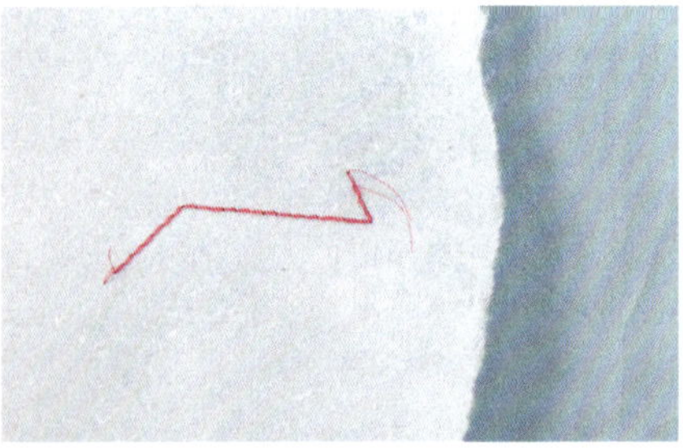

Am Nahtanfang kann es vorkommen, dass die Nadel (vor allem, wenn sie zu dick oder zu stumpf ist) den Stoff in das Loch der Stichplatte hineindrückt. Hier spricht man auch von **„Stofffressen“**. Um dieses Phänomen zu vermeiden, hält man Ober- und Unterfaden am Nahtbeginn fest und zieht sie ganz sanft nach hinten weg, sobald man zu nähen beginnt. So kann der Stoff nicht eingezogen werden, da ihn die Fäden oben halten und der Transport über die Öffnung unterstützt wird.

OVERLOCK & CO. – SPEZIELLE NÄHMASCHINEN

Besonders professionell werden die Nähergebnisse, wenn mit einer Overlockmaschine oder einer Coverlock gearbeitet wird. Beide Maschinen sind zwar nicht wirklich notwendig, doch die Anschaffung einer Overlock kann sich für begeisterte Hobbynäherinnen schon sehr schnell lohnen. Sie bedeutet eine enorme Arbeitserleichterung.

OVERLOCKMASCHINEN

Mit der Overlockmaschine werden Kanten meist mit vier Fäden – zwei Nadelfäden und zwei Greiferfäden – gleichzeitig zusammengenäht und versäubert. Das Messer der Overlock kann die Kante dabei nach Bedarf während des Nähens zusätzlich auf die richtige Breite zurückschneiden.

Overlocknähte sind nicht nur ausgesprochen dehn- und belastbar, eine Overlock näht auch wesentlich schneller als eine Haushaltsnähmaschine. Außerdem sind viele Overlockmaschinen mit einem Differenzialtransport ausgestattet, der feine und dehnbare Stoffe besonders gleichmäßig transportiert.

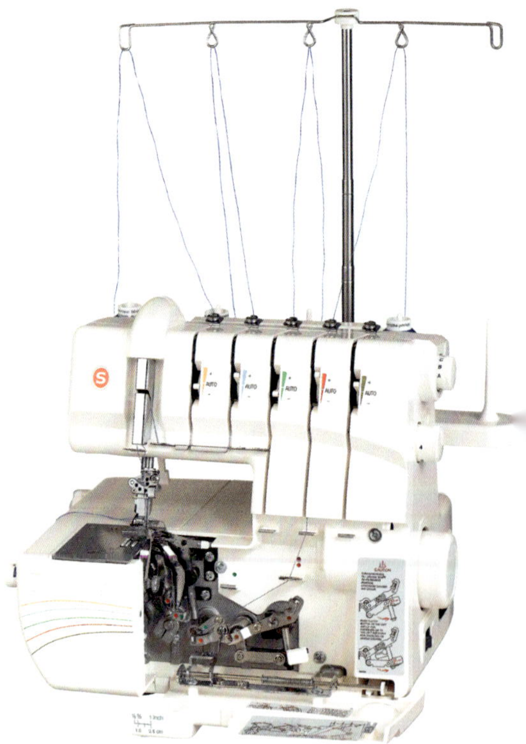

Neben der vierfädigen Overlocknaht sind auch dreifädige mit nur einem Nadelfaden üblich. Diese Nähte werden schmaler und eignen sich gut für Mützen, Unterwäsche und Bademode, also überall dort, wo Nähte möglichst wenig auftragen sollen und nicht besonders großer Belastung ausgesetzt sind.

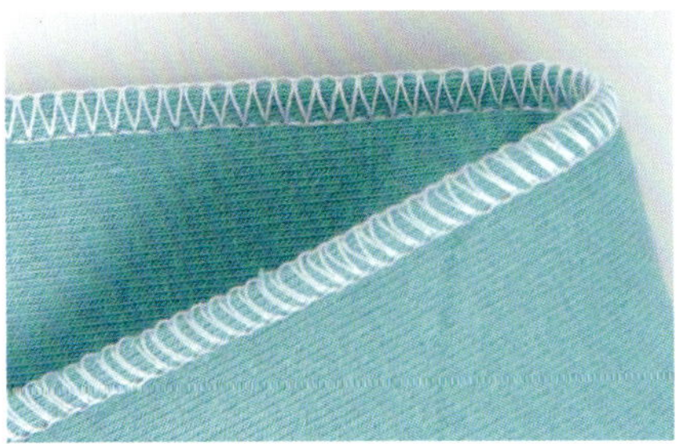

COVERMASCHINEN

Noch spezieller ist eine Covermaschine, die nur bei Säumen und Ziernähten zum Einsatz kommt. Auf der Oberseite nähen eine bis drei Nadeln im Geradstich, während der Greiferfaden sich breit dazwischen aufspannt. Das Ergebnis ähnelt dem einer Zwillingsnadel, ist jedoch meist dehn- und haltbarer. Die Rückseite der Covernaht wird häufig als Ziernaht verwendet.

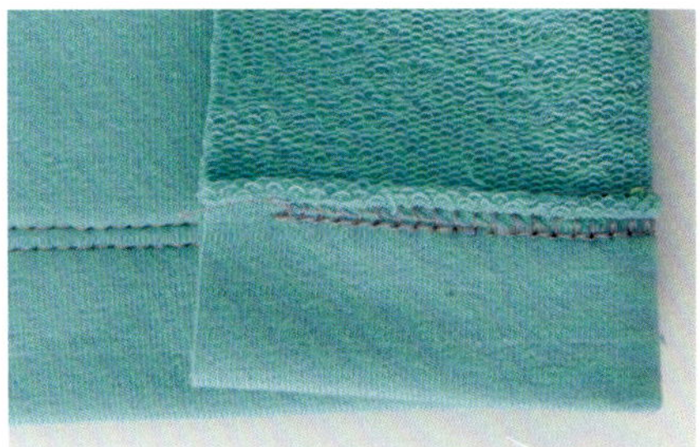

In der Industrie benutzt man zusätzlich spezielle **Flatlockmaschinen**, deren Nähte oben wie unten der Rückseite einer Covernaht ähneln. Solche Maschinen sind für den Hausgebrauch jedoch nicht üblich. Sie nähen Einzelteile aus dehnbaren Stoffen Stoß auf Stoß aneinander. Diese Nähte sind besonders flach und werden gerne für Sportbekleidung verwendet. Einige wenige Kombimaschinen aus Cover- und Overlock haben einen Top-Bottom-Stich, der optisch dem Flatlockstich spezifischer Maschinen ähnelt. Viele Overlockmaschinen haben eine Flatlockfunktion, bei der die Kanten zunächst auf die übliche Weise aufeinandergenäht und anschließend auseinandergezogen werden, sodass sie im Endergebnis aneinanderstoßen. Diese Technik spielt im Alltag zwar keine wichtige Rolle, kann jedoch beispielsweise als modische Ziernaht am Saum eingesetzt werden.

KLEIDUNG NÄHEN – TECHNIKEN

SCHNITTMUSTER

Die Schnittmuster der Anleitungen in diesem Buch befinden sich auf den beiliegenden Schnittmusterbögen. Bevor man sie benutzen kann, müssen sie mithilfe von Schnittmusterpapier oder Folie übertragen werden. Dafür gibt es spezielles Papier im Fachhandel.

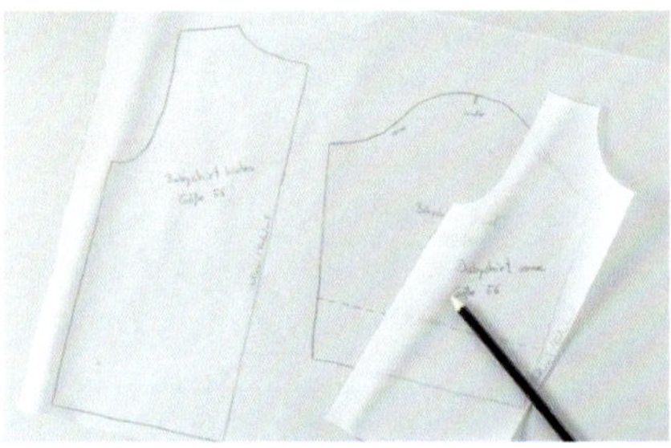

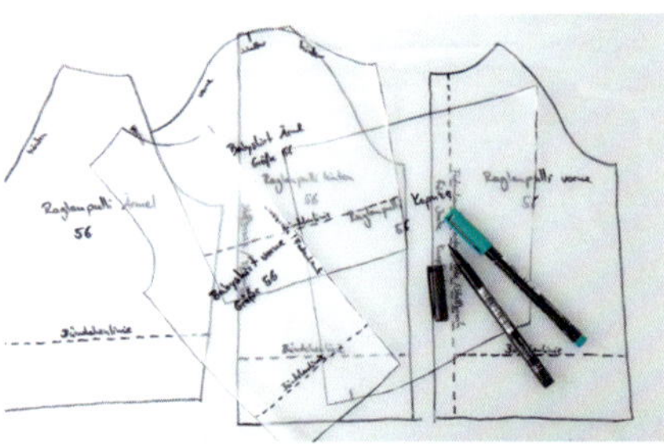

Als günstige Alternative kann man auch Baufolie aus dem Baumarkt verwenden. Das Papier oder die Folie wird auf den Schnittmusterbogen gelegt, das Schnittmuster in der gewünschten Größe mit einem (Folien-)Stift abgepaust und anschließend ausgeschnitten.

Alle Schnittmuster sind, falls nicht ausdrücklich anders angegeben, ohne Nahtzugabe, d. h., die Naht verläuft jeweils entlang der Außenlinie der Schnittmuster. Um Schnittteile jedoch überhaupt zusammennähen zu können, braucht man eine sogenannte **Nahtzugabe**, also etwas zusätzlichen Stoff außerhalb der Nahtlinie. Die Breite der Nahtzugabe hat auf die Passform keinen Einfluss, da es sich um Stoff abseits der Naht handelt. Für die meisten Zwecke hat sich eine Nahtzugabe von 0,5 bis 1,5 cm bewährt, prinzipiell bleibt die Breite aber dem individuellen Geschmack überlassen. Meist geht man von einer Nahtzugabe von 1 cm aus.
Beim Nähen mit der Overlock sollte die Nahtzugabe entsprechend der Stichbreite gewählt oder überschüssige Breite beim Nähen abgeschnitten werden.
Bei allen Anleitungen in diesem Buch ist angegeben, welche Schnittteile für ein Modell benötigt werden. Diese wählt man auf dem Bogen aus, paust sie ab und schneidet sie mit der Papierschere aus. Dabei darf man nicht vergessen, auch alle Markierungen mit zu übertragen und die Papierteile zu beschriften.
Manche Kleidungsstücke können an Ärmeln oder Beinen mit oder ohne Bündchen genäht werden. Wird ein Bündchen angesetzt, muss das Schnittmusterteil jeweils entlang der Bündchenlinien (= eingerückte Linien im passenden Strichmuster) gekürzt werden, um nach dem Annähen der Bündchen wieder die richtige Länge zu haben.

ZUSCHNITT

Das ausgeschnittene Schnittmuster auf die linke Stoffseite auflegen und aufzeichnen.

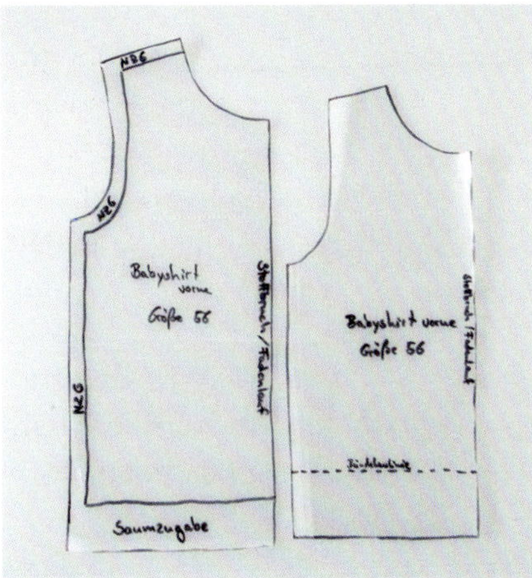

Die Nahtzugabe kann direkt beim Abpausen um das Schnittmuster herum auf dem Papier oder der Folie angezeichnet oder erst beim Zuschneiden des Stoffes hinzugefügt werden.
Beim Zuschneiden von Jersey und anderer Maschenware ist es sehr wichtig, den **Maschenlauf/ Fadenlauf** zu beachten. Dieser ist im Schnittmuster mit einem Pfeil angegeben und muss beim Auflegen auf den Stoff stets parallel zur Seitenkante verlaufen, also entlang der feinen Längsrippen auf der rechten Stoffseite. Quer zum Maschenlauf sind Jersey und andere Maschenware nämlich am dehnbarsten.

Symmetrische Teile, z. B. Vorder- und Rückenteil, werden **im Stoffbruch** zugeschnitten. Dazu den Stoff entlang des Maschenlaufes rechts auf rechts falten (dabei eventuelle Musterverläufe beachten) und das Schnittmuster mit der als „Stoffbruch" bezeichneten Linie entlang der Faltlinie anlegen.

Ärmel, Hosenbeine und Kapuzen werden gewöhnlich in doppelter Stofflage zugeschnitten. Dafür zunächst den Stoff rechts auf rechts aufeinanderlegen und im Anschluss das Schnittmuster auf dem Stoff platzieren. Danach beide Lagen zusammen zuschneiden. So erhält man zwei **gegengleiche Teile**, also eine rechte und eine linke Seite.

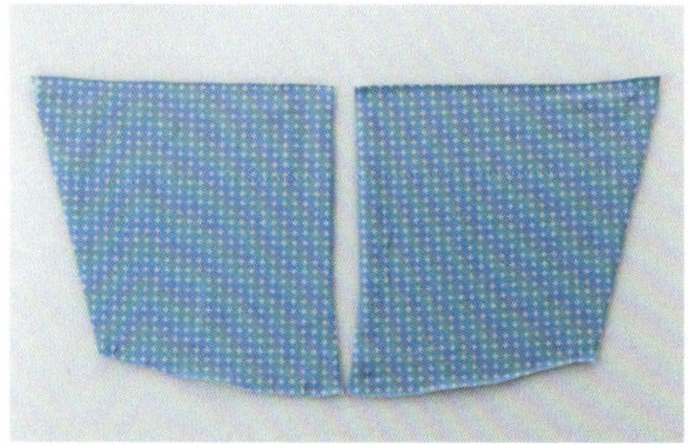

Jerseystoffe rollen sich häufig an den Schnittkanten ein. Befestigt man die Schnittmuster sorgfältig mit Stecknadeln auf dem Stoff, erleichtert dies das Zuschneiden. Bügeln und Sprühstärke mindern dieses Phänomen ebenfalls etwas.

NÜTZLICHE HELFER

Maschenware lässt sich besonders bequem mit **Schneidematte** und **Rollschneider** zuschneiden, da der Stoff dabei nicht angehoben und bewegt werden muss und sich infolgedessen weniger leicht verzieht: Die Schnittmuster dann auf dem Stoff mit Gewichten beschweren und mit dem Rollschneider umfahren. Ein **Abstandhalter** hilft dabei, eine gleichmäßige Nahtzugabe bequem einzuhalten. Er ist als Zubehör im Handel erhältlich.

Zum Zuschneiden von Bündchen- und Einfassstreifen erweist sich ein **Quiltlineal** als wertvolles Hilfsmittel. Streifen von bestimmter Breite können so einfach und durch vorheriges Falten des Stoffes auch auf voller Stoffbreite zugeschnitten werden.

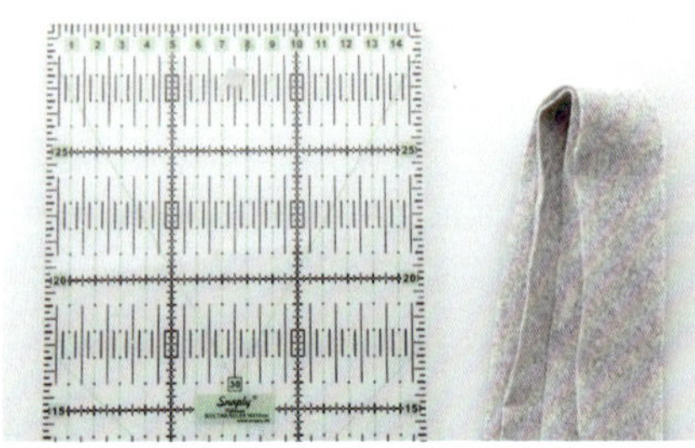

KLASSISCHE SHIRTS ODER PULLOVER NÄHEN

Bei klassischen Shirts oder Pullovern zunächst das Vorder- und das Rückenteil entlang der Schultern bündig rechts auf rechts aufeinanderlegen und die Schulternähte schließen.

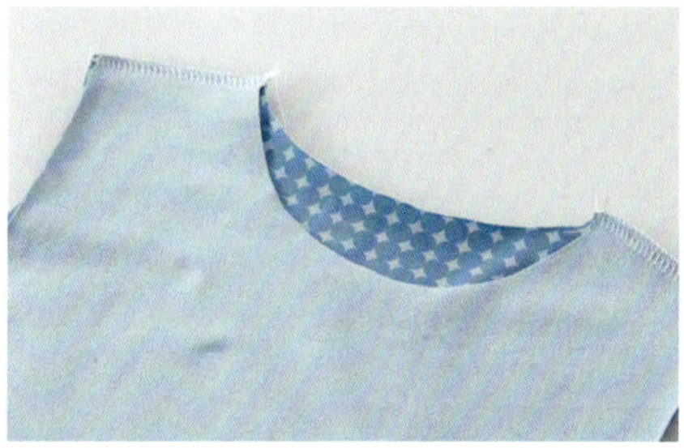

Anschließend die Ärmel rechts auf rechts in die Armöffnungen einsetzen und annähen.

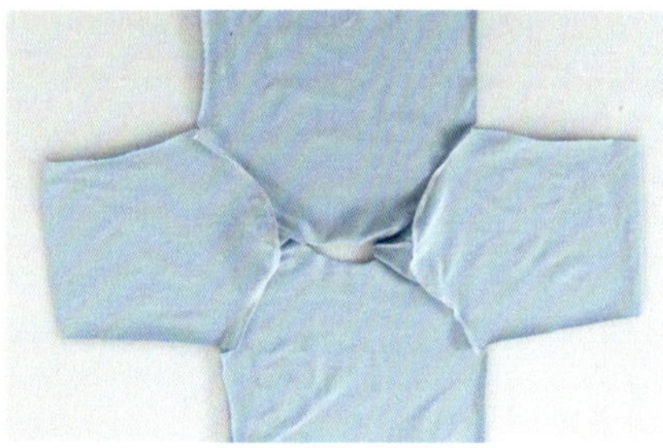

Dann das Vorder- und Rückenteil rechts auf rechts aufeinanderlegen, die Säume liegen bündig, die Ärmel sind zur Hälfte gefaltet. Nun die Ärmel- und Seitennähte in einem Arbeitsgang von der Ärmelunterkante bis zum Saum schließen.

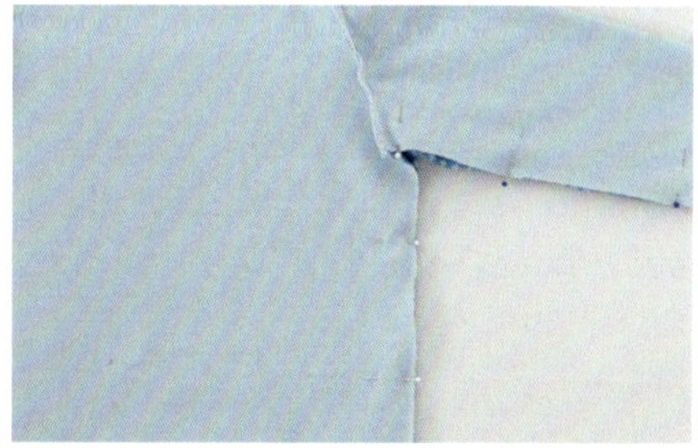

Ärmel und Saum werden entweder gesäumt oder mit Bündchen versehen, der Halsausschnitt bekommt ein Bündchen oder eine Kapuze. Halsbündchen oder alternative Einfassungen können auch vor dem Schließen der zweiten Schulternaht angenäht werden.
Bei kleinen Größen empfiehlt es sich, die Ärmel vor dem Schließen der Ärmel- und Seitennähte zu säumen, da andernfalls in einer sehr kleinen Rundung genäht werden muss. Die Nahtzugaben dann beim Schließen der Ärmelnähte zur Seite steppen.
Bauchtaschen (siehe Seite 115) oder Applikationen vor dem Zusammennähen auf den Einzelteilen platzieren und aufnähen.

RAGLANSHIRTS ODER RAGLANPULLOVER NÄHEN

Bei Raglanmodellen die Ärmel entlang der Raglannähte jeweils auf beiden Seiten an Vorder- und Rückenteil rechts auf rechts annähen.

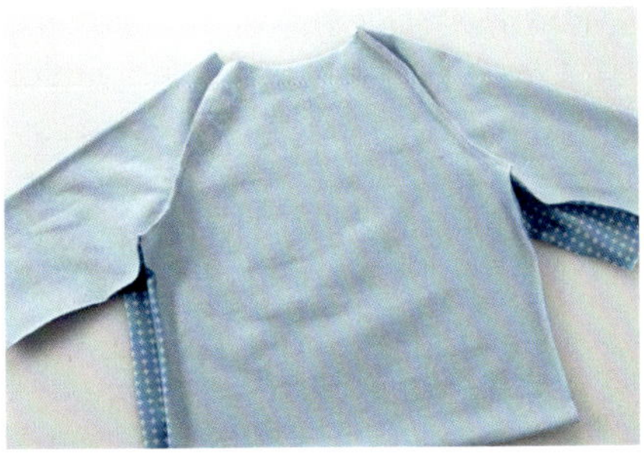

Danach das Vorder- und Rückenteil an den Seitenkanten bündig rechts auf rechts legen, die Ärmel der Länge nach falten, feststecken und die Ärmel- und Seitennähte jeweils in einem Zug schließen.

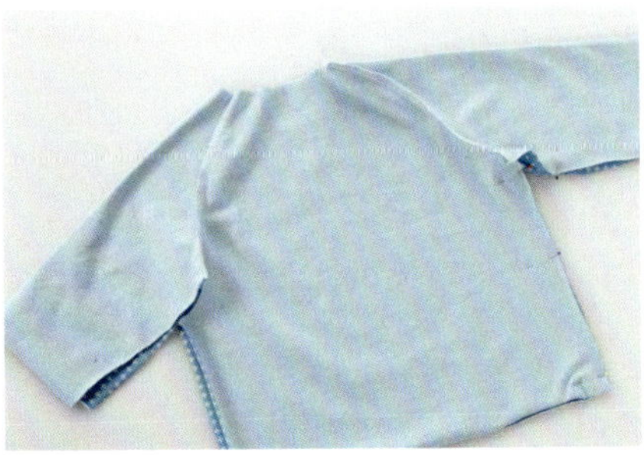

Säume, Ausschnitte und Verzierungen wie in der Anleitung zum klassischen Modell (siehe Seite 104) arbeiten.

HOSEN NÄHEN

Hosen aus Jersey oder anderer Maschenware können aus jeweils einem Schnittteil pro Hosenbein (z. B. Leggings) oder zwei Teilen pro Bein, nämlich Vorder- und Rückseite, genäht werden. Das rückwärtige Hosenteil ist dabei gewöhnlich breiter und höher geschnitten.
Besteht eine Hose aus zwei Teilen pro Bein, zunächst die Außenbeinnaht rechts auf rechts nähen. Bei Hosen aus einem Teil entfällt dieser Schritt.

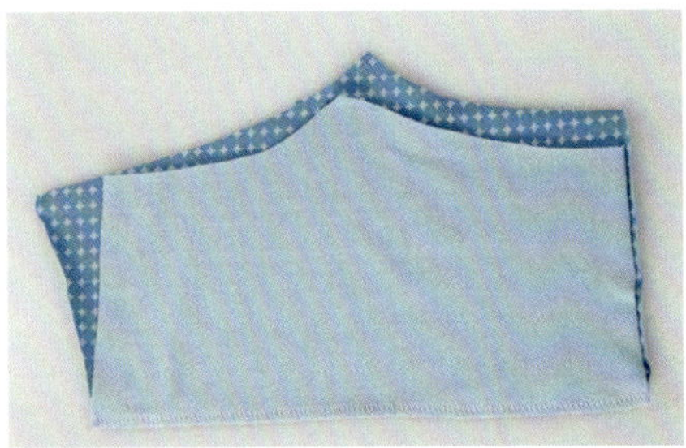

Dann die Innenbeinnaht rechts auf rechts schließen.

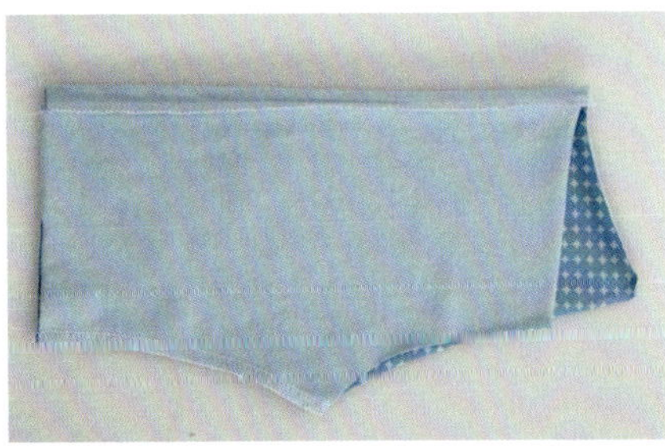

Ein Hosenbein auf rechts wenden (die rechte Stoffseite liegt außen) und rechts auf rechts in das zweite Hosenbein stecken, Vorderseite und Rückseite der Hosenbeine liegen dabei jeweils passend aufeinander. Jetzt die Schrittnaht in einem Zug schließen.

Im Anschluss beide Hosenbeine wieder auf links (die linke Stoffseite liegt außen) wenden und Bündchen, Gummizüge oder Säume an den Hosenbund und die Beinsäume nähen.

BÜNDCHEN ANNÄHEN

Auch die Bein-, Bauch- und Ärmelbündchen finden sich in diesem Buch als Schnittteile auf dem Schnittmusterbogen. Sie werden unter Zugabe von Nahtzugabe und unter Beachtung des Maschenlaufs zugeschnitten. Letzteres ist für die Dehnbarkeit besonders wichtig.
Wird statt zu säumen oder ein Gummi einzunähen mit Bündchen genäht, werden die entsprechenden Schnittteile von Ärmeln, Bein und Bund entsprechend der Bündchenlinien (eingerückt, im passenden Größenmuster) kürzer zugeschnitten.
Alle Bündchen werden zunächst zum Ring genäht. Dafür die kurzen Seiten rechts auf rechts aufeinanderlegen und mit (dreifachem) Geradstich, Elastikstich, einem Pseudo-Overlockstich oder der Overlockmaschine zusammennähen.
Wird ein schmaler Stich eingesetzt, kann die Nahtzugabe anschließend auf ca. 3 mm zurückgeschnitten und auseinandergefaltet bzw. -gebügelt werden.
Nun die Bündchen links auf links falten bzw. umstülpen. Sie sind jetzt nur noch halb so hoch wie vorher, die rechte Stoffseite liegt außen.

Um die Bündchen gleichmäßig gedehnt einzunähen, Arm- und Beinbündchen mit Stecknadeln in zwei Hälften einteilen, Halsbündchen vierteln. Die Ausschnitte analog dazu einteilen. Anschließend die Bündchen mit den Markierungsnadeln aufeinandertreffend in die Ausschnitte stecken und mit einem dehnbaren Stich annähen.

Damit eine gleichmäßige Dehnung gelingt, jeweils nur die Strecke zwischen zwei Nadeln dehnen und nähen. Dann erst die nächste Stecknadel entfernen, den nächsten Abschnitt dehnen und zusammennähen. Dabei unbedingt immer ausschließlich das Bündchen dehnen und nicht den Stoff des Kleidungsstückes.
Am besten näht man innen auf dem Bündchen, die Nadelstange fungiert dabei als Freiarm. So gelingt auch das Annähen kleiner Bündchen problemlos.
Anschließend die Nahtzugaben in das Kleidungsstück legen und mit einem dehnbaren Stich absteppen, beispielsweise mit einem Zickzack-, Elastik- oder dreifachen Geradstich. Auch dehnbare Zierstiche, wie z. B. der Wabenstich, eignen sich hierfür prima. Da sich diese Nähte allerdings besonders gerne wellen, sollte man – ist die Problematik bekannt – darauf verzichten oder durch reduzierten Nähfußdruck oder Obertransportfuß entgegenwirken.

SÄUMEN

Da Kleidungsstücke aus Jersey dehnbar sind, müssen auch ihre Säume dieser Dehnung standhalten. Jersey ribbelt nicht auf und muss deshalb prinzipiell nicht gesäumt werden. Modische Akzente lassen sich zum Beispiel auch mit einer Overlocknaht als Abschluss setzen. Trotzdem wird Jerseykleidung normalerweise mit einem einfachen Umschlag gesäumt oder mit einem Rollsaum oder dessen Variation, dem Wellensaum, versehen. Wer eine Covermaschine besitzt, benutzt diese.

Klassischer Saum

Ein 2 bis 3 cm breiter, einfacher Umschlag nach innen ist der klassische Saum bei Jerseystoffen. Er wird beim Zuschneiden als Saumzugabe zum Schnittmuster hinzugefügt.

Für den klassischen Saum nach dem Zusammennähen die Saumzugabe nach innen umschlagen, gut bügeln und feststeppen.

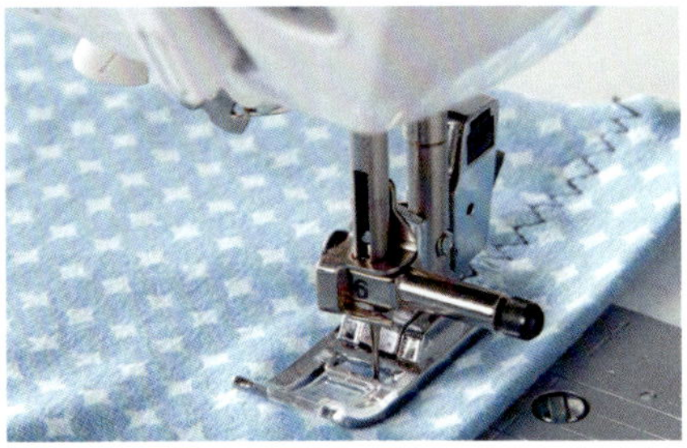

Mit einer **Overlockmaschine** kann die Unterkante vor dem Umschlagen versäubert werden. Das verleiht der Kante mehr Stabilität, verhindert ein Einrollen und erleichtert das Säumen. Gerundete Kanten an Kleidern und Röcken können durch ein leicht gesteigertes Differenzial beim Versäubern mit der Overlockmaschine leicht eingehalten (also leicht gerafft) werden und lassen sich anschließend leichter umschlagen.

Zwar ist Bügeln bei den meisten Näherinnen unbeliebt, beim Säumen jedoch unerlässlich.
Säume sollten stets mit einem **elastischen Stich** genäht werden. Bei einer normalen Nähmaschine sind dafür Zickzackstiche ideal, insbesondere der dreigeteilte Zickzackstich oder aber die Zwillingsnadel. Einen schönen Effekt erzielen auch breite Zierstiche, wie zum Beispiel der Wabenstich.

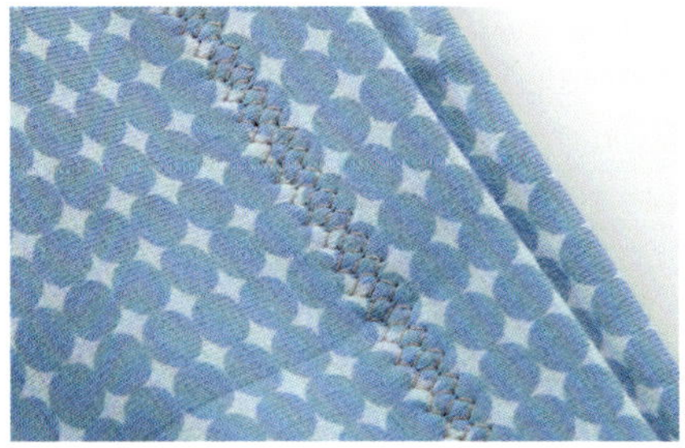

Näht man **von der rechten Stoffseite aus**, wird die Naht sauberer. Für einen gleichmäßigen Abstand zur Kante orientiert man sich an den Führungslinien der Nadelplatte. Alternativ kann man ein farbiges Klebeband aufkleben, um den Saum mit einer eigenen Markierung zu führen. Farblich zum Stoff passendes Garn verzeiht kleine Ungenauigkeiten, Kontrastgarn erzielt tolle Effekte.
Natürlich kann man auch **von der linken Stoffseite aus** entlang der Oberkante des Umschlags nähen. Dazu sollte man allerdings unbedingt einen oben und unten identischen Stich (Zickzackstich) einsetzen.

GUMMIZUGBUND ODER -SAUM

Es gibt verschiedene Möglichkeiten, den Bauchbund oder die Beinabschlüsse mit Gummizugbünden zu versehen. Vor allem für größere Kinder ist das eine schöne Alternative zu Bündchen. Gummiband im Bauchbund sorgt für einen besseren Sitz und kann ein Bündchen am Bauch auch ergänzen.

Eingenähtes Gummi

Diese Technik ist sehr einfach und eignet sich vor allem für schlichte Hosen ohne Fronttaschen, wie beispielsweise für Leggings. Auch coole Bein- oder Ärmelabschlüsse lassen sich auf diese Weise arbeiten.
Man braucht dazu ein 2 bis 3 cm breites, weiches Gummiband mit einer Länge von rund 80 % des Bauchumfangs bzw. des Umfangs des Hosenbeins/Ärmels plus einer Zugabe von 1 cm pro Seite.
Der jeweilige Saum wird mit einer Saumzugabe zugeschnitten, die der Breite des verwendeten Gummibandes entspricht.
Das Gummiband zunächst 2 cm breit überlappend zum Ring legen und mit Gerad- oder Zickzackstich zusammennähen. Den Ring bündig zum Rand auf die linke Stoffseite des Bunds stecken und entlang der Kante mit einem breiten Stich (Zickzackstich, Pseudo-Overlockstich, Overlockstich mit arretiertem Messer) aufnähen.

Das Gummi so zur Innenseite einschlagen, dass der Stoff straff um das Gummiband herum liegt und die angenähte Gummibandseite die Unterkante bildet. Nun das Gummi auf Bundweite dehnen und die obere Seite knappkantig feststeppen.

Dabei kann ein beliebiger Stich gewählt werden. Da auf dem gedehnten Gummi genäht wird, enthält die Naht in jedem Fall eine Reserve für die Dehnung.

Angesetzter Gummibund

Vor allem bei Hosen mit Fronttaschen ist ein angesetzter Bund sinnvoll. Hier wird ein Streifen Stoff auf Weite des Hosenbundes zugeschnitten (bei der Verwendung von Bündchenstoff auf 80 % der Weite). Der links auf links gefaltete Streifen sollte so hoch wie das Gummiband plus 1,5 cm Nahtzugabe und etwas Spielraum sein. Für ein 3 cm breites Gummi beispielsweise einen 9 cm hohen Streifen zuschneiden, zu einem Ring schließen, links auf links auf 4,5 cm Höhe falten und bügeln (siehe auch „Bündchen annähen“, Seite 106).

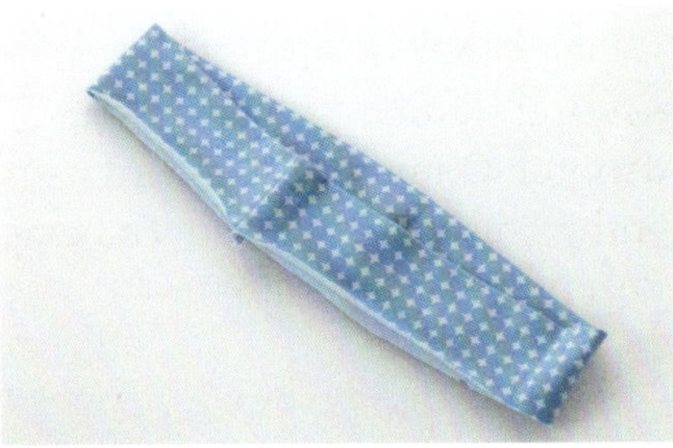

Danach das Gummiband mit einer Länge von 80 % des Bauchumfangs bzw. des Hosenbundes zum Ring nähen und in den gefalteten Bund zwischen die linken Stoffseiten legen.

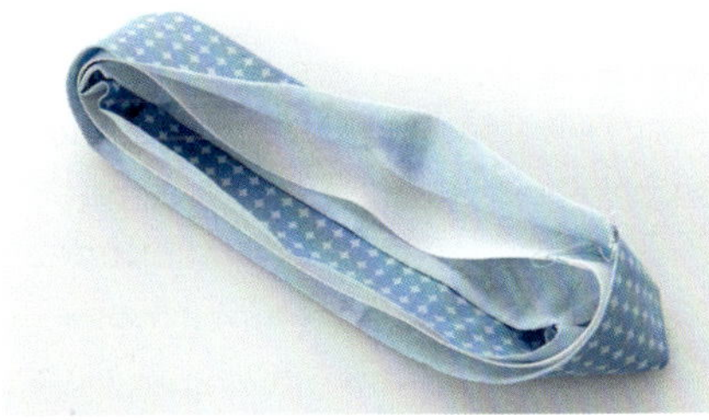

Gummi- und Hosenbund jeweils mit Stecknadeln in vier Abschnitte einteilen und feststecken, dabei treffen die Stecknadelmarkierungen aufeinander. Dann den Ring gleichmäßig gedehnt annähen. Damit sich das Gummi im Stofftunnel nicht verdreht, den Bund im gedehnten Zustand noch ein- oder zweimal ringsherum mit Geradstich steppen.

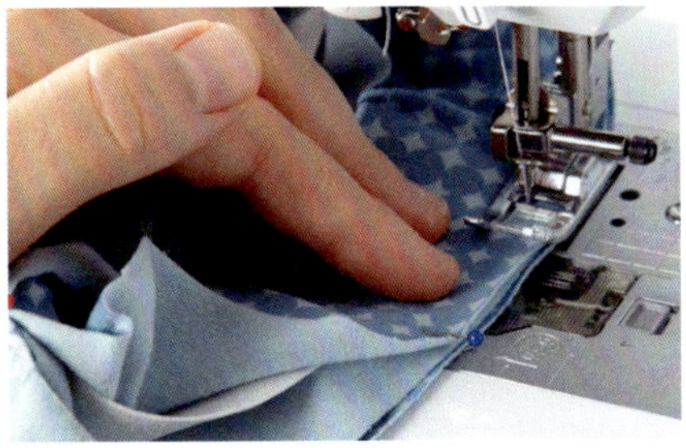

Abschließend kann die Nahtzugabe wie beim Bündchen in die Hose gelegt und von rechts abgesteppt werden.

Einfassen

Um die Kanten eines aus Jersey gefertigten Kleidungsstückes abzuschließen, gibt es neben dem einfachen Säumen noch die Möglichkeit, die Kante mit einem Streifen aus Bündchenware oder Stretchjersey zu versehen. Das sogenannte Einfassen gelingt ebenfalls mit Falzgummi, Schrägband aus Webware ist hingegen weniger geeignet.

In diesem Buch kommen oft Kantenabschlüsse aus Jersey- bzw. Bündchenstreifen zum Einsatz. Sie werden quer zum Maschenlauf zugeschnitten und haben eine nach fertiger Breite und verwendeter Nahtzugabe definierte Höhe, die meistens ca. 4 cm beträgt.

Die Streifen können entweder links auf links gefaltet und angenäht oder auf unterschiedliche Weise (unten offen oder geschlossen) um die Kante herumgelegt und anschließend abgesteppt werden. Dabei ist die Falttechnik technisch einfacher, während die um die Kanten gelegte Methode etwas eleganter wirkt. Bei beiden Verfahren müssen ein paar Grundsätze beachtet werden, und es braucht ein wenig Übung, um schöne und professionelle Ergebnisse zu erzielen.

Das richtige Material

Als Material für Kantenabschlüsse sollte man stets Stoff mit einem Elasthananteil von mindestens 5 % wählen, also **Stretchjersey** oder handelsübliche **Bündchenstoffe**.
Die damit garantierte Elastizität sorgt dafür, dass die Kanten des Kleidungsstückes auch in Rundungen gut anliegen, sofern man die Streifen beim Nähen unterschiedlich stark dehnt.
Bei Bündchenstoffen unterscheidet man zwischen Rippbündchen und Feinstrickbündchen. Beide sind in unterschiedlichen Qualitäten erhältlich: von ganz weich und dehnbar bis relativ steif und stabil. Für die Faltmethode eignen sich fast alle Bündchenstoffe, für Einfassungen hingegen sind eher dünne Feinstrickbündchen oder Stretchjerseys optimal.

Die richtige Naht

Zum Annähen und Absteppen der Streifen kann man einen normalen, nicht zu kurz eingestellten **Geradstich** (Länge 2,5–3) verwenden. Das klingt zunächst ungewöhnlich, erklärt sich aber aus der Tatsache, dass die Nähte überall da, wo sie später elastisch sein müssen, auf bereits gedehntem Material gearbeitet werden. Die Naht zieht sich anschließend mitsamt dem gedehnten Streifen zusammen und enthält sozusagen schon eine Dehnungsreserve in sich.
Außerdem kommen zum **Annähen** Overlock- oder Pseudo-Overlockstiche infrage sowie der schmale Zickzackstich, Elastikstich oder dreifache Geradstich. Für das **Absteppen** gut geeignet sind geteilte und ungeteilte Zickzackstiche, die Zwillingsnaht, elastische Zierstiche und natürlich die Covermaschine, sofern vorhanden. Das Absteppen mit Zickzackstichen hat dabei nicht nur den Vorteil, die volle Dehnbarkeit der Nähte zu erhalten, sondern steigert auch noch die Trefferquote und liefert gerade Anfängern meist ein saubereres Nähergebnis.
Beim Absteppen ist eine **Anpassung des Nähfußdrucks** ratsam. Ein niedriger Nähfußdruck reduziert effektiv das unerwünschte Wellen bei Steppnähten oder weichen Rippbündchen. Verfügt die Maschine nicht über einen regulierbaren Nähfußdruck, kann das Unterlegen von (Stick-)Vlies (alternativ von haushaltsüblicher Küchenrolle) oder der Einsatz eines Obertransportfußes eine Alternative sein.

Die richtige Dehnung

Sowohl beim Einfassen als auch bei der Faltmethode ist die richtige Dehnung des Streifens beim Annähen von großer Bedeutung. Sie sorgt für einen guten Sitz und eine schöne Optik. Bevor man sich für viel, wenig oder keine Dehnung entscheidet, muss man sich überlegen, wie sich die fertige Kante verhalten soll.
Gerade Kanten werden meist mit ungedehnten Abschlüssen versehen, damit sie am fertigen Kleidungsstück flach und gerade liegen. Eine Ausnahme bilden die **Ärmelsäume**. Durch Dehnen liegen hier die Kanten genau wie Bündchen näher am Arm. Das sorgt für eine bessere Passform und wächst länger mit.

Runde Kanten erfordern je nach Form mehr oder weniger Dehnung. Hier soll das Kleidungsstück anliegen, ohne dass die Kanten ungewollt einklappen oder abstehen. Dafür wird der Streifen bei **Innenrundungen** (z. B. beim Halsausschnitt) gedehnt angenäht. Bei **Außenrundungen** wird der Streifen ungedehnt fixiert.

Der Zuschnitt

Die Streifen sollen der Länge nach dehnbar sein und werden daher quer zum Maschenlauf zugeschnitten. Ihre Höhe ergibt sich aus der gewählten Technik, aus der Breite des fertigen Kantenabschlusses und aus der verwendeten Nahtzugabe, wobei sich die beiden letzten Werte bei Einfassungen annähernd entsprechen.
Die fertige Breite und die Nahtzugabe sollen in den folgenden Rechenbeispielen jeweils 1 cm breit sein:
Für die **Faltmethode** ergibt das eine Streifenhöhe von 4 cm nach der Formel 2x fertige Breite + 2x Nahtzugabe.
Für **unten offene Einfassungen** errechnet sich eine Höhe von 3,5 bis 4 cm nach der Formel 3x Nahtzugabe/fertige Breite + 0,5 bis 1 cm Sicherheitszugabe (zum Abschneiden).
Unten geschlossene Einfassungen benötigen Streifen mit einer Höhe von 4 cm, ermittelt nach der Formel 4x Nahtzugabe/fertige Breite.
Beim Zuschneiden des Kleidungsstückes erhalten alle Kanten, die anschließend eingefasst oder mit gefaltetem Bündchen versehen werden, keine Nahtzugabe. Die Außenkante des fertigen Kleidungsstückes ist also deckungsgleich mit der Schnittkante.

Kantenabschluss mit gefaltetem Bündchenstreifen

Zunächst ein oder mehrere Streifen in einer Gesamtlänge entsprechend der Länge der einzufassenden Kante und einer nach der Formel 2x fertige Breite + 2x Nahtzugabe ermittelten Höhe zuschneiden: Bei einer fertigen Breite von 1 cm und einer Nahtzugabe von 1 cm macht das eine Höhe von 4 cm.

Den Streifen der Länge nach links auf links falten. Dies ergibt einen gedoppelten Streifen von 2 cm Höhe.

Den doppelten Bündchenstreifen mit der offenen Kante entlang der Stoffkante auf der rechten Seite des Kleidungsstücks anlegen und entsprechend den Regeln zu geraden und gebogenen Kanten (siehe Seite 110) mehr oder weniger gedehnt feststecken und annähen.

Zum Annähen am besten die Overlock oder einen Pseudo-Overlockstich verwenden, der die dreifache Nahtzugabe sauber zusammenfasst. Bei einem schmalen Stich können die Kanten anschließend mit einer Zickzacknaht zusammengefasst werden.
Anschließend die Nahtzugabe in das Kleidungsstück legen und die Naht bügeln. Bei Bedarf von rechts mit einem geeigneten Stich (Ge-

radstich, Zickzack, Zierstich) absteppen.

Einfassung mit offener Unterseite

Bei der Einfassung mit offener Unterseite kommen Streifen mit einer Höhe von 3,5 bis 4 cm zum Einsatz, errechnet nach der Formel 3x fertige Breite/Nahtzugabe + 0,5 bis 1 cm Sicherheitszugabe (zum Abschneiden). Die fertige Breite und die Nahtzugabe entsprechen einander und werden hier als 1 cm angenommen. Diese Technik eignet sich gut für Bündchenstoffe und Stretchjersey.
Den Streifen rechts auf rechts unter Einhaltung der Nahtzugabe entlang der Kante annähen, dabei die richtige Dehnung beachten. Der Streifen liegt beim Annähen mit voller Breite auf der rechten Stoffseite des Kleidungsstücks.

Den Streifen straff um die Kante nach links umschlagen. Auf der Rückseite überragt er jetzt die erste Naht um den Betrag der Sicherheitszugabe.

Die Einfassung von der rechten Seite aus knappkantig mit einem geeigneten Stich (z. B. Gerad- oder Zickzackstich, Zwillingsnadel) absteppen und dabei den Umschlag fixieren, der sich auf der linken Stoffseite befindet.

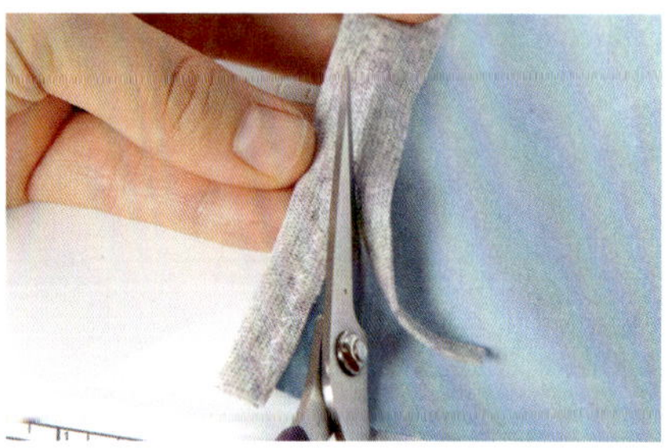

Den Umschlag vorsichtig entlang der Naht auf der Rückseite zurückschneiden.

Zusammennähen der Kanten

Häufig werden die Einzelteile des Kleidungsstücks erst nach dem Abschließen mit Jersey- oder Bündchenstreifen zusammengenäht. Diese Kanten sind oft relativ dick und neigen dazu, sich beim Zusammennähen gegeneinander zu verschieben.

Das vermeidet man, indem man die Kanten zunächst innerhalb der Nahtzugabe mit Geradstich aufeinander fixiert. Beim Zusammennähen am besten zu Beginn der Naht die Fäden vom Nahtanfang greifen und während der ersten Stiche behutsam nach hinten wegziehen. Das unterstützt den Transporteur von Nähmaschine oder Overlock. Die Kante am Nahtanfang ist meist auch nach dem Zusammennähen noch prominent und sieht unsauber aus. Das lässt sich leicht ändern, indem man die Nahtzugabe zur Seite faltet (gewöhnlich in Richtung Rückseite des Kleidungsstückes) und von rechts mit Geradstich auf Breite der Einfassung bzw. des Streifens feststeppt.

Sonderfall Ausschnitte

Sollen Arm- oder Halsausschnitte eingefasst oder mit gefaltetem Bündchen versehen werden, können diese an einer Schulter- oder Seitennaht offen gelassen, mit einem Abschluss versehen und danach fertig zusammengenäht werden.

Alternativ kann man das Kleidungsstück zunächst vollenden und erst danach die Bündchen-/Jerseystreifen mit einer Länge von Ausschnittweite x 0,7 bis 0,8 (je nach Dehnbarkeit) zuschneiden, zum Ring zusammennähen und ringförmig einnähen. Dabei ist es wichtig, auf eine gleichmäßige Dehnung zu achten. Ausschnitt und Streifenring zunächst mithilfe von Stecknadeln in zwei bis vier Teile einteilen und danach passend in den Ausschnitt stecken, bevor man sie gleichmäßig zwischen den Nadeln gedehnt einnäht (siehe „Bündchen annähen“, Seite 106).

Einfassen mit Falzgummi

Falzgummi ist ein breites Gummi mit vorgefertigter Falzkante in der Mitte. Es hat zumeist eine glänzende, glatte Seite und eine raue, matte. Einfassungen mit Falzgummi finden sich häufig an Unterwäsche, da sie besonders wenig auftragen. Aber auch für Ausschnitte eignet sich Falzgummi.

Das Falzgummi in einem Arbeitsgang falten, unter richtiger Dehnung um die Stoffkante herumlegen und feststeppen.

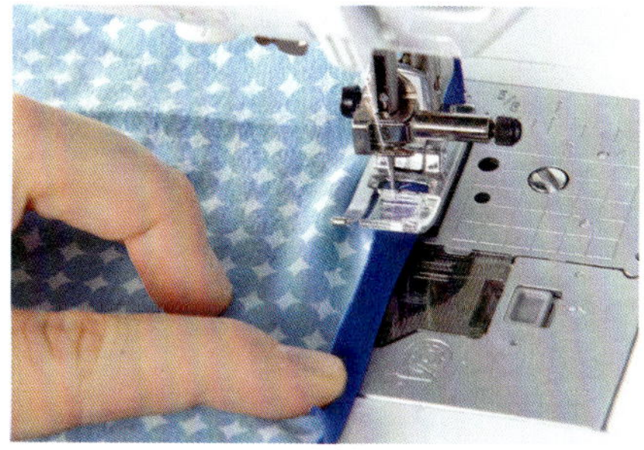

Die vorgegebene Falzkante ermöglicht dabei das gleichmäßige Falten und das gleichmäßige Steppen auf beiden Seiten. Ungeübte nehmen zum Annähen am besten einen Zickzackstich, Geübtere können Falzgummi auch gedehnt mit Geradstich annähen.

Einfassen mit der Covermaschine

Besitzer einer Covermaschine können zum Einfassen einen Bandeinfasser verwenden. Diese hilfreiche Apparatur faltet vorgeschnittene Jersey- oder Bündchenstreifen von vorgegebener Breite automatisch, sodass die Stoffkante nur hindurchgeführt werden muss, um eine perfekte Einfassung zu erhalten.

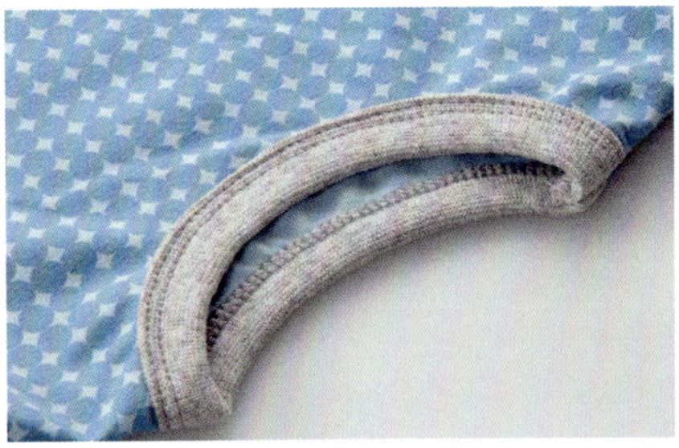

Für Strickstoffe sollten diese Bandeinfasser am besten mit einem Rechen ausgestattet sein, der den Streifen zu führen hilft. Es gibt sie mit unten offener oder geschlossener Faltung. Einige wenige Hersteller bieten diese Einfasser auch für die Nähmaschine an.

RAFFEN

Beim Raffen eines Stoffes werden kleine Fältchen gelegt, die für eine romantische Optik und mehr Volumen sorgen, zum Beispiel bei Röcken oder Rockteilen von Kleidern. Diese Technik ist bei Webware sehr verbreitet, sie eignet sich aber genauso gut für Jerseystoffe.

Raffen mit Nähfaden

Um Stoff durch eine Naht zu raffen, den Geradstich in großer Stichlänge einstellen und die Oberfadenspannung auf nahezu null senken. Danach im zu raffenden Bereich innerhalb der Nahtzugabe eine gerade Naht nähen. Dabei unbedingt zu beiden Seiten ausreichend Nähfaden stehen lassen, Nahtanfang und -ende nicht mit Rückstichen sichern.

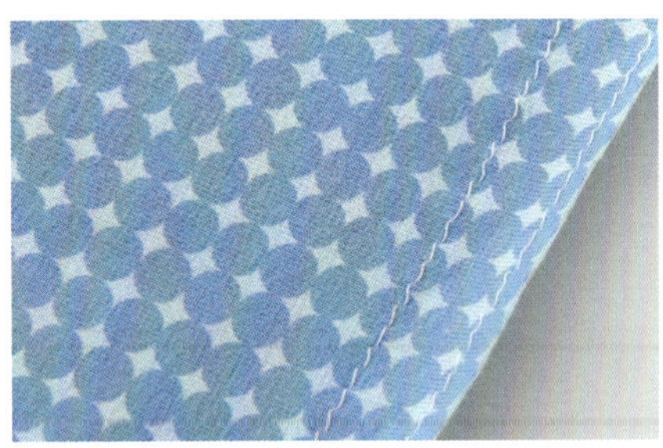

Den Stoff entlang des Unterfadens zusammenschieben, bis die gewünschte Breite erreicht ist. Dann die Fadenenden verknoten und das geraffte Teil weiterverarbeiten. Anschließend die Rafffäden entfernen.

TIPP

Ein noch gleichmäßigeres Ergebnis erhält man, wenn man eine zweite Naht ca. 2 cm unterhalb der ersten näht und beide gleichmäßig rafft. Die Fäden der zweiten Naht nach dem Zusammennähen entfernen.

TASCHEN

Taschen zum Sammeln kleiner Schätze werten jedes Kleidungsstück auf und machen es zum Lieblingsstück von Kindern. Dabei sind vor allem Bauchtaschen bei Pullis und Taschen an Hosen relativ leicht zu nähen und ein praktischer Hingucker.

Bauchtasche

Die Bauchtasche für Pullis wird im Stoffbruch plus 1 cm Nahtzugabe zugeschnitten. An den Eingriffen erhält sie in der Regel als Versäuberung Bündchenstreifen, die man jeweils 5 cm breit zugeschnitten und danach links auf links auf 2,5 cm Breite gefaltet hat. Die Nahtzugaben werden in die Tasche gesteppt. Alternativ kann man die Nahtzugaben an den Eingriffkanten umschlagen und absteppen.

Besitzer einer Overlockmaschine können anschließend Ober-, Unter- und Seitenkanten der Tasche versäubern, das verleiht ihnen etwas mehr Stabilität und macht das Annähen leichter.
Die Nahtzugaben an Oberkante und Seitenkanten nun zur linken Stoffseite umbügeln. Anschließend die Tasche entsprechend dem Stoffbruch vom Zuschnitt mittig zusammenfalten und den Stoffbruch bügeln. So erhält man eine reversible Markierung der Mittellinie. Mit dem Vorderteil des Pullovers ebenso verfahren, auch hier ist nun die vordere Mitte durch den Falz im Stoff markiert.

Die Tasche entlang dieser gebügelten Linien und mit den Unterkanten bündig genau mittig auf dem Vorderteil feststecken. Anschließend die Tasche an Oberkante, Unterkante und Seitenkanten mit einer oder zwei Reihen Geradstich annähen, dabei Nahtanfang und -ende gut mit Rückstichen sichern.

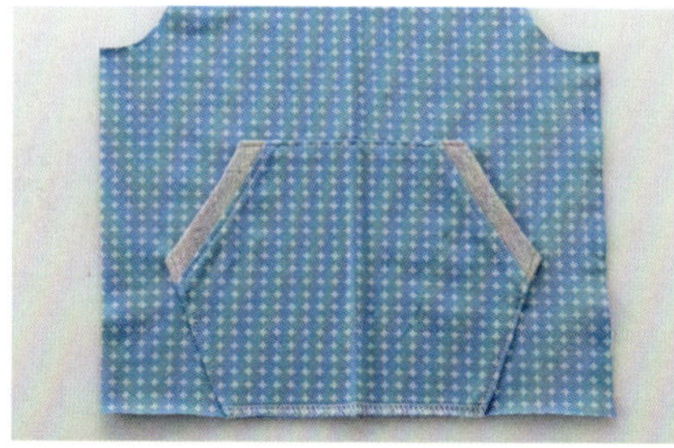

Alternativ die Unterkante der Tasche mit großer Stichlänge an die Unterkante des Pullovers heften, um das Annähen des Bauchbündchens zu erleichtern. Den Pullover nun wie gewohnt fertignähen.

TIPP

Soll der Pullover gesäumt genäht werden, kann die Unterkante der Tasche nicht in der Bündchennaht verschwinden. Sie wird deshalb wie die anderen Kanten entlang der Nahtzugabe umgebügelt und auf Höhe der Bündchenlinie (Schnittmuster) aufgelegt und festgesteppt.

Eingesetzte Fronttasche

Die Fronttaschen an Hoodie, Fleecejacke und Collegejacke werden immer nach dem gleichen Prinzip genäht.
Vorderteil, oberen und unteren Taschenbeutel zuschneiden. Den Bereich des Eingriffs am oberen Taschenbeutel mit Bügeleinlage (z. B. Vlieseline G 710) verstärken. Auf der rechten Stoffseite des Vorderteils und auf der linken Stoffseite des oberen Taschenbeutels jeweils mit einem Trickmarker die Eingriffe anzeichnen.

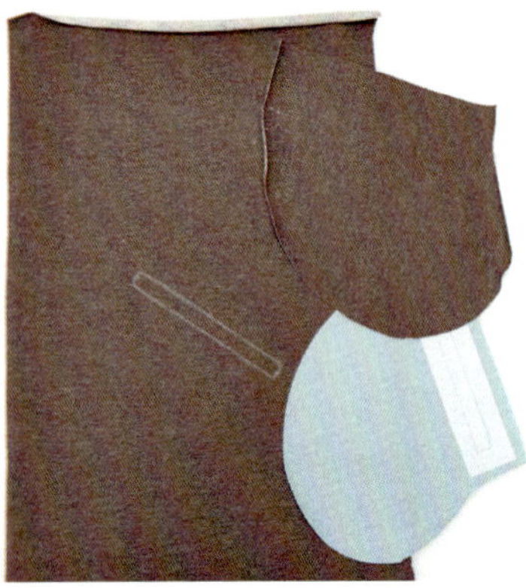

Den oberen Taschenbeutel rechts auf rechts auf das Vorderteil legen, die runde Seite zeigt zur Mitte, die Rechtecke liegen bündig übereinander. Das Rechteck ringsherum mit Geradstich abnähen, dabei die Nahtenden überlappen lassen und so sichern.

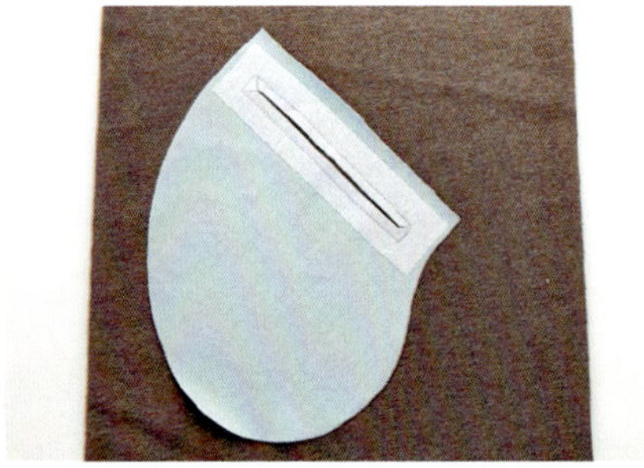

Das Rechteck wie im Foto gezeigt einschneiden: In der Mitte längs, beidseits 5–10 mm bis vor die kurzen Enden und ab dort jeweils in Richtung der Ecken bis knapp vor die Naht einschneiden. Vorsicht: Die Naht dabei auf keinen Fall miteinschneiden!

Den Taschenbeutel durch die eingeschnittene Öffnung zur linken Stoffseite des Vorderteils wenden, den Beutel links auf links plan auf das Vorderteil legen und die Öffnung sorgfältig in Form bügeln. Den Reißverschluss so hinter die Öffnung stecken, dass die Zähnchen mittig und der Schieber an der höheren Seite bündig zur kurzen Seitenkante liegt.

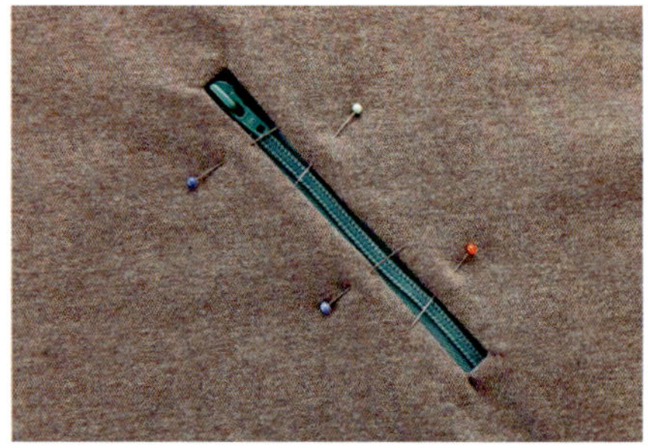

Den Reißverschluss von rechts ringsherum mit Geradstich annähen, die Nahtenden durch Überlappen sichern.

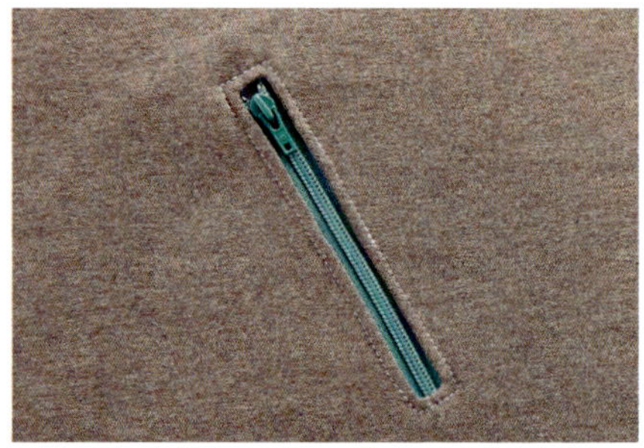

Den unteren Taschenbeutel rechts auf rechts bündig auf den oberen Beutel legen und ringsherum annähen. Bei den Leistentaschen dabei das Bündchen mitfassen. Nahtenden sichern, Overlockraupen ggf. in die Nahtzugabe einziehen.

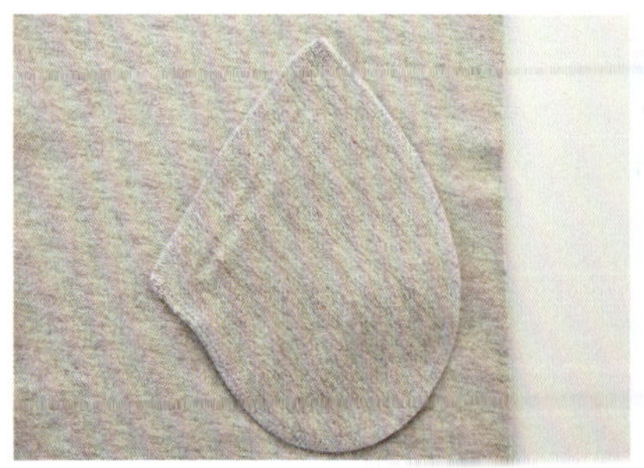

Vordere Eingrifftasche bei Hosen

Den vorderen und hinteren Taschenbeutel seitengerecht und bündig rechts auf rechts an den Tascheneingriff der vorderen Hose stecken und annähen.

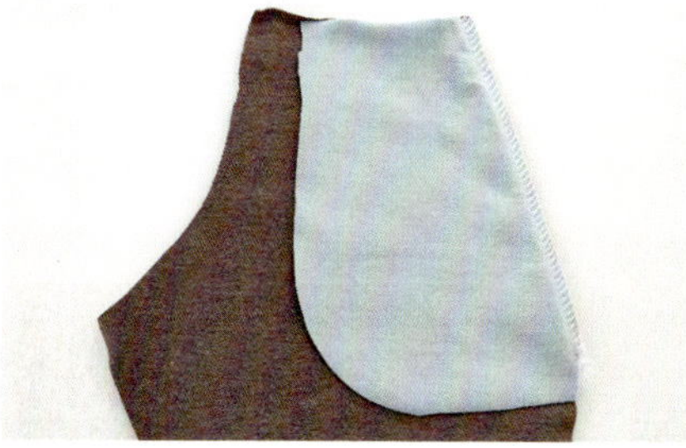

Den Taschenbeutel links auf links zur linken Stoffseite der Hose umklappen, den Eingriff bügeln und absteppen.

Den unteren Taschenbeutel rechts auf rechts bündig an den oberen Taschenbeutel stecken und die runde Kante zusammennähen.

Die Taschenbeutel für ein leichteres Weiterverarbeiten seitlich und oben innerhalb der Nahtzugabe an die Vorderhose heften.

Die Hose jeweils wie beschrieben fertigstellen.

PASSFORM UND GRÖSSENWAHL

Die Schnitte in diesem Buch sind so ausgelegt, dass sie den meisten Kindern mit einer der Kleidergröße entsprechenden Körpergröße plus/minus 3 cm bequem passen. Für ein 126 cm großes Kind ist beispielsweise Größe 128 richtig. Ärmel- und Beinlängen sind eher großzügig konzipiert, damit auch in Bewegung und beim nächsten Wachstumsschub alles schön verpackt ist.

Hinweis: Naht- und Saumzugaben sind nicht im Schnittmuster enthalten und müssen selbst hinzugefügt werden. Die folgende Maßtabelle bezieht sich auf die Körpermaße des Kindes. Die Zeichnung zeigt, wo gemessen wird. Bei den angegebenen Körpermaßen sitzt das fertige Kleidungsstück in Länge und Weite so wie vorgesehen.

Größe	**122**	**128**	**134**	**140**	**146**	**152**	**158**	**164**
Brustumfang	62	65	68	71	74	77	80	83
Taillenumfang	56,5	58	59,5	61	63	65	67	69
Hüftumfang	66	59	72	75	78,5	82	85,5	89
Armlänge	40	42	44	47	49	52	54	61
Schrittlänge	53	56	60	64	67	70	73	76

Damit das Teil auch den eigenen Vorstellungen entspricht, vergleicht man am besten ein gut passendes Kleidungsstück direkt mit dem Schnittmuster. So geht man auf Nummer sicher. Für sehr schmale oder sehr kräftige Kinder ist es immer eine gute Lösung, verschiedene Größen für Länge und Weite zu wählen.

Für besonders schmale Kinder oder einen körpernahen Sitz wählt man die Kleidergröße, die der gewünschten Weite entspricht, und verlängert die Säume von Ärmeln, Beinen und Körper auf die der Körpergröße entsprechende Kleidergröße.

Für kräftige Kinder oder einen lässigen Sitz wird die Kleidergröße ebenfalls nach gewünschter Weite ausgesucht und im Anschluss auf die zur Körpergröße passende Länge eingekürzt.

Achtung: Stets die Stoffempfehlung beachten. Kleidung aus unterschiedlichen Materialien fällt unterschiedlich groß aus. Wird weniger dehnbarer Stoff als angegeben verwendet, sollte mindestens eine Größe größer zugeschnitten werden, bei stärker dehnbarem Material als vorgesehen, kann eine Größe kleiner gewählt werden.

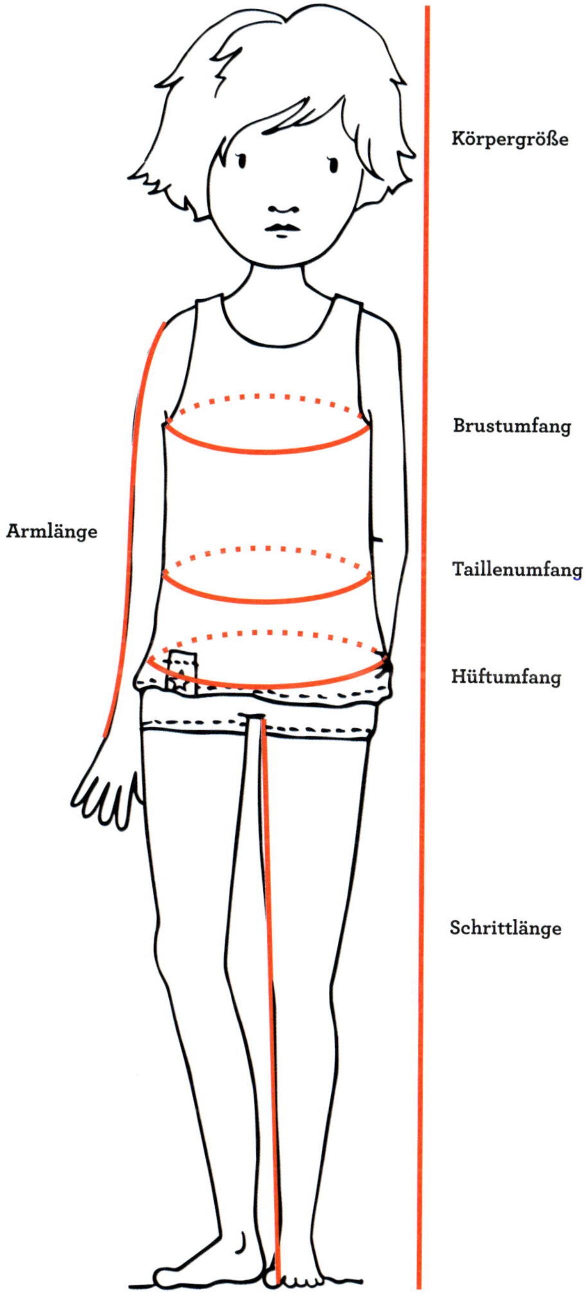

LEXIKON

Bügeleinlage/Bügelvlies: Wird auf die linke Stoffseite aufgebügelt, um dem Stoff Stabilität zu verleihen. So kann man z. B. Knopflöcher in Bündchen oder Kanten verstärken, an die ein Reißverschluss genäht werden soll. Für Jerseykleidung eignet sich gut Gewebeeinlage, z. B. Vlieseline G 700 oder G 710 (etwas leichter). Aber auch jede andere nicht zu steife Einlage ist denkbar.

Fadenlauf/Maschenlauf: Die Richtung, in der der Stoff gestrickt (Maschenlauf) oder gewebt (Fadenlauf) wurde. Er verläuft immer parallel zur Seitenkante und ist bei Maschenware beim Zuschnitt von großer Bedeutung für die Dehnbarkeit. Die Dehnbarkeit ist nämlich gewöhnlich quer zum Maschenlauf am größten.

Füßchenbreit: Füßchenbreit nähen bedeutet, dass die Naht der halben Breite des Nähfußes entspricht. Die Nadel befindet sich dabei in mittiger Position und der Nähfuß wird direkt entlang der Kante geführt. Das sorgt für eine Naht im gleichmäßigen Abstand vom Rand bei 7–8 mm, je nach Maschinenmodell.

Gegengleich: Wird der Stoff beim Zuschneiden rechts auf rechts doppelt gelegt, also in doppelter Stofflage zugeschnitten, erhält man direkt gespiegelte (gegengleiche) Schnittteile, also z. B. rechten und linken Ärmel oder Hosenbein.

Links auf links: Eine Art, zwei Stoffteile zusammenzulegen, wobei die linken Stoffseiten oder Unterseiten/unbedruckten Seiten des Stoffes aufeinandertreffen.

Nähfußdruck: Der Druck, den der Nähfuß nach unten auf den Stoff ausübt. Bei den meisten Nähmaschinen einstellbar. Dehnbare Stoffe sollten mit reduziertem Nähfußdruck genäht werden, da dies Wellenbildung verhindert. Bei schweren Stoffen verbessert ein gesteigerter Nähfußdruck den Stofftransport.

Nahtzugabe: Der angeschnittene Überstand abseits der Nahtlinie, der den Schnittteilen hinzugefügt wird, um ein Zusammennähen zu ermöglichen. Es sollte immer nur so viel Nahtzugabe hinzugefügt werden, wie später der Nahtbreite entspricht. Für gewöhnlich beträgt die Nahtzugabe etwa 1 cm, beim Einsatz der Overlockmaschine etwa 7 mm.

Rechts auf rechts: Eine Art, zwei Stoffteile zusammenzulegen, wobei die rechten Stoffseiten oder Oberseiten/bedruckten Seiten des Stoffes aufeinandertreffen.

Saumzugabe: Die Zugabe am Stoff, die zusätzlich benötigt wird, um einen Saum zu nähen. Dabei empfehlen sich 2–3 cm, die nach innen umgeschlagen und danach sorgfältig festgesteppt werden.

Stoffbruch: Der Stoffbruch bezeichnet den Falz, entlang dem der Stoff im Maschenlauf beim Zuschneiden doppelt gelegt wird. Symmetrische Schnittteile werden entlang des Stoffbruchs angelegt und so im Ganzen zugeschnitten.

Stylefix: Das schmale, doppelseitige Stoffklebeband eignet sich bestens, um Reißverschlüsse zu befestigen oder Wendeöffnungen zu adaptieren, da es problemlos übernäht werden kann.

BUCHEMPFEHLUNGEN FÜR DICH

Noch mehr kreative Bücher zum gleichen Thema gesucht?

ISBN 978-3-7724-8142-0

ISBN 978-3-7724-8131-4

ISBN 978-3-7724-4842-3

ISBN 978-3-7724-8164-2

ISBN 978-3-7724-6492-8

ISBN 978-3-7724-6482-9

ISBN 978-3-7724-6472-0

ISBN 978-3-7724-6402-7

ISBN 978-3-7724-4803-4

ISBN 978-3-7724-4824-9

ISBN 978-3-7724-8164-2

ISBN 978-3-7724-4831-7

Noch mehr Kreativ-Bücher findest du auf www.TOPP-kreativ.de

#TOPPPROJEKT

Die eigene Kreativität zeigen: TOPPprojekt mit anderen Kreativen teilen und Teil der Gemeinschaft werden.

DIY-begeistert und auf Instagram? Dann unbedingt mitmachen! Hier gibt's Tipps und Feedback zu den eigenen Projekten. Außerdem verlosen wir jeden Monat ein Überraschungspaket. Um am Gewinnspiel teilzunehmen, einfach ein Bild vom Kreativ-Projekt aus unseren Büchern mit #TOPPprojekt posten und unserem Account @frechverlag folgen. Mehr Infos auf TOPP-kreativ.de/TOPPprojekt

Mach mit beim

#TOPPprojekt

#TOPPprojekt
@frechverlag

Webseite

Auf TOPP-kreativ.de gibt es ein riesiges Angebot von über 1.000 Kreativbüchern, Sets und mehr zu entdecken.

Newsletter

Immer als Erstes von unseren Neuheiten und Sonderaktionen erfahren: TOPP-kreativ.de/newsletter

Instagram

@frechverlag

Pinterest

pinterest.com/frechverlag

Facebook

facebook.com/frechverlag

DigiBib

Hier gibt es zusätzlich zu einigen unserer Bücher digitale Extras, wie Video-Tutorials, Plotter-Dateien, Vorlagen, Übungsblätter und vieles mehr. Einfach im Impressum eines TOPP-Buchs nach schauen, ob dort ein Code vorhanden ist, und exklusive Inhalte freischalten. TOPP-kreativ.de/digibib

Youtube

youtube.com/frechverlag

WER WIR SIND, WIE WIR ARBEITEN, WAS WIR LIEBEN ...

Mehr über uns und unsere Arbeit und immer mit den neuesten Informationen versorgt schnell und einfach auf Instagram, Facebook und Pinterest.

Alle News, alle Infos und alle Links findest du auf www.TOPP-kreativ.de

Pauline Dohmen lebt mit ihren fünf Kindern in Göttingen. Schon von Kindheitstagen an handarbeits- und nähverrückt, geriet sie nach einem ausgedehnten Ausflug in die Medizin während ihrer zweiten Elternzeit in die kunsthandwerkliche Selbstständigkeit und lebt seit 2011 unter dem Label Klimperklein ihren Traum, mit eigenen Schnittideen samt ausführlichen Anleitungen auch andere zu begeistern. Funktionalität, gute Passform und schlichte Schnittführung mit viel Platz für eigene Kreativität stehen dabei im Vordergrund.
Über den Weg zur perfekten Ausstattung für ihre Kinderschar bloggt sie unter www.klimperklein.de.

Wir danken der Firma Aktivstoffe und der Firma Swafing für das freundliche Bereitstellen der Stoffe.
Des Weiteren bedanken wir uns bei den Firmen Snaply und Lillemo für die freundliche Unterstützung mit Materialien.

Hilfestellung zu allen Fragen, die Materialien und Kreativbücher betreffen: Frau Erika Noll berät Sie. Rufen Sie an: 07 11/12 37 57 20* *normale Telefongebühren

FOTOS: frechverlag GmbH, 70839 Gerlingen; lichtpunkt, Michael Ruder, Stuttgart

PRODUKTMANAGEMENT: Eva-Barbara Zirn, Lisa Braunert

LEKTORAT: Christine Schlitt, Worms

FIGURINE (S. 119): Angela Pickard, Sundern

COVER UND LAYOUT: Tatjana Weiss

GESTALTUNG: Petra Theilfarth

DRUCK UND BINDUNG: Neografia, Slowakei

2. Auflage 2022

ISBN 978-3-7358-7007 • Best.-Nr. 27007

MIX Papier | Fördert gute Waldnutzung FSC® C020353

Penguin Random House Verlagsgruppe
FSC® N001967